KB124340

inevitable bias

우리는 필연적인 편협을 깨야 한다

필연적 편협
우리는 필연적인 편협을 깨야 한다

인쇄 1쇄 | 2023년 10월 15일
발행 1쇄 | 2023년 10월 20일

지은이 | 라뮤나
펴낸곳 | 나비소리
펴낸이 | 최성준
출판등록 | 2021년 12월 20일
등록번호 | 715-72-00389
주소 | 경기도 수원시 경수대로302번길22
전화 | 070-4025-8193
팩스 | 02-6003-0268
원고투고 | nabi_sori@daum.net
상점| www.nabisori.shop.
살롱| blog.naver.com/nabisorisalon
ISBN | 979-11-92624-86-0(03190)

✖ nabisori

사람들은 너의 가치를

그들의 시각

그들의 정보수준

너에 대한 신뢰를 토대로 만들어진다

** Zero **

현재 우리는 디지털 시대에 살고 있다. 이는 우리가 정보와 소통의 확장에 대한 인식이 높아진 시대에 살고 있다는 뜻이다. 디지털 기술의 발전과 다양한 네트워크는 우리의 삶을 근본적으로 변화시키고 있으며 세상은 글로벌화로 인해 빠르게 변하고 있다. 이러한 시대에 중요한 것은 단연, '트렌드'이다.

그렇다면 트렌드를 가장 빨리 알 수 있는 방법은 무엇일까? 마케팅과 광고가 아닐까? 기업들은 소비자들이 필요한 것과 관심사를 무엇보다 빠르게 파악하여 이를 반영하는 광고를 만들고 있다. 소셜 미디어를 통한 디지털 마케팅 역시 현대 사회의 트렌드를 파악하는 데에 유용하게 활용되고 있다. 이처럼 시대의 흐름과 트렌드를 이해하기 위해서는 마케팅과 광고의 변화 및 방향성을 주시하는 것이 필요하다.

광고는 짧은 시간 안에 상품이나 서비스에 대한 소비자들의 관심을 끌어내야 한다. 따라서 사람들의 관심사를 최대한 파악한 후 그들의 욕구를 반영하는 내용으로 구성해야 한다.

특히 현대 사회에 들어서면서부터는 다양한 미디어와 정보의 폭발적인 증가로 사람들의 관심사와 트렌드가 빠르게 변하고 있다. 이러한 변화에 신속하게 대응하려면 소비자들의 행동양식과 관심사를 지속적으로 조사하고 분석해야 한다. 또한 소비자들은 감성과 가치관에도 민감하기 때문에 소비자들이 공감하고 이해할 수 있는 스토리텔링 기법과 같은 방법을 사용함으로 소비자와의 연결고리를 찾아내는 것도 중요하다.

그렇지만 지금의 광고는 어떤 식으로 흘러가고 있는가?

영상이 기존의 매체 역할을 대부분 대체하고 있으며, 특히 유튜브와 같은 영상 매체가 방송사를 대체하고 있다. 누구라도 원하는 시간에 맞춰 스케줄을 조정할 수 있고, 자투리 시간을 활용해 언제 어디서든 원하는 영상을 시청할 수 있다는 효율성을 중요하게 생각하고 있기 때문이다.

그렇다 보니 방송사에서 제공하는 다양한 광고를 볼 기회는 점점 줄어들었고 유튜브 광고가 이를 대체하게 되었다. 유튜브 광고는 시청자들의 관심사에 따라 개인 맞춤형 광고가 제공되는 알고리즘을 가지고 있기에 광고시청의 다양성은 줄어들고 있다. 또한 유튜브 프리미엄 등의 유료 멤버십으로 인해 광고를 시청하는 시간마저 줄어들고 있다. 이로 인해 광고는 더욱 자극적이고 주목받을만한 소재를 이용하여 제작된다.

상황이 이렇다 보니 광고는 더 이상 작품성과 독창성만으로는 주목받을 수 없게 되었다. 오직 시각적으로 사람들의 관심을 끌 수 있는, 이를테면 연예인이 홍보하는 제품에 초점을 맞춘, 오로지 '효율성'과 '관심사'라는 기준에 합당한 광고만이 만들어지고 있다.

과거의 광고는 작품성과 독창성을 강조하며 시청자들에게 생각하는 시간을 주고 무언가를 상기시키는 것을 목표로 했다. 하지만 현재는 상황이 완전히 바뀌었다. 뇌가 생각하는 시간을 줄이고 효율성만을 중시하도록 변하고 있다.

즉 우리의 뇌는 효율성이라는 이름 아래 고립되었으며 점점 쇠퇴하고 있는 것이다.

이런 현상이 광고에만 적용될까? 아니다. 우리가 자주 시청하는 유튜브 영상에도 작품성보다는 효율성과 편리함만을 추구하는 경향이 나타나고 있다. 작품성이 높은 영상은 시청자들에게 많은 시간과 집중력을 요구하므로 뇌가 금방 지치게 된다. 따라서 작품성이 높은 영상의 의미는 시청자들이 충분히 이해하지 못할 수 있다. 영상을 보며 다른 일이라도 하면 영상에만 집중하지 않게 되어 결국 영상을 다시 봐야 할 수도 있다. 영상에 작품성을 입히면 뇌에 피로감이 쌓이게 되는 것이다.

이와 같은 현상으로 인해 대부분의 유튜브 영상들은 짧은 시간에 흥미로운 내용을 가득 담고 있으며 작품성보다는 시청자에게 부담이 적은 형태로 제작되고 있다. 시청자들이 유튜브 영상을 시청하며 딴짓을 해도 다시 돌아가서 볼 필요가 없도록 말이다.

이러한 것들이 의미하는 바는 무엇일까.

** One **

우리 뇌가 점점 효율성을 추구하고 생각하는 데 에너지를 소비하기 싫어지는 경향에 따라, 이 책 또한 각 챕터의 내용을 짧게 구성하여 뇌의 피로도를 줄이고 작품성을 더하였다. 책의 각 챕터를 잇는 부분이 다소 엉성하게 느껴질 수 있으나 챕터별로 내용을 되새기는 시간을 가질 수 있도록 만들었다.

그렇다면 이 책은 무엇인가? 책의 제목은 '필연적 편협'이다.

'필연적 편협'이라 하면 생각나는 것은 '편견'이나 '편협한 사고'일 것이다. 편견은 주관적인 믿음이나 선입견으로 특정한 개인이나 집단에 대해 일반화하거나 선입견을 갖는 것을 의미한다. 이러한 편견은 사람들의 과거 경험이나 사회적 영향으로 형성되기도 하며 논리나 근거 없이 고정된 의견을 가지기도 한다.

편협한 사고 역시 유사한 의미로 폭넓은 시각이나 다양한 가능성을 고려하지 않고 좁은 범위에서 사고하거나 결정하는 것을 의미한다. 이러한 편협한 사고는 문제해결과 창의성에 제약을 가할 수 있다. 따라서 필연적으로 편협하게 되면 다양성이 무시되거나 오해를 초래할 수 있는 상황이 발생할 수 있으며 올바른 판단과 결정을 방해할 수 있다.

사람은 살아온 환경에 의해 필연적으로 편협해지기 때문에 세상을 알 수 있는 한계 내에서만 이해하고 보게 된다. 이 책을 읽는 독자들은 조금이라도 세상을 다르게, 혹은 폭넓게 이해할 수 있으면 좋겠다.

** Two **

나를 알고 적을 알면 지피지기라는 말이 있다. 무언가를 하기 위해 가장 밑바탕이 되는 것은 '나를 아는 것'이다. 본연의 나를 깨달으면 앞으로 나아가는 것이 더욱 수월할 것이며 설령 그 앞이 잘못되었다고 한들 쉽게 무너지지 않을 것이다.

재테크에 있어서도 비슷한 원리가 적용된다. 재테크의 기본은 절약에서부터 시작하므로 소비를 줄이는 것이 근본이 된다. 자기 자신의 본(本)을 깨닫고 나를 소중히 여긴다면 소비가 줄어든다는 말이다. 즉 자신감과 자존심을 키우면 소비는 자연스럽게 줄어들게 된다. 옷이 아니라 내가 명품이라는 말도 있지 않는가.

요즘 대부분의 사람들이 경제공부의 필요성은 잘 알고 있다. 하지만 어디서부터 어떻게 시작해야 할지는 잘 모른다. 그렇기에 이 책은 경제를 공부하기 전에 어떤 것을 먼저 알아야 하는지를 알려줄 것이며, 재테크를 시작하기 전에 중요한 것이 무엇인지를 말해줄 것이다.

ᵔᵔ Three ᵔᵔ

인생을 살아가는 것에 있어 행운은 우연히 찾아오는 것이 아니라 행동의 결과에 대한 필연의 연속이라고 생각해야 한다. 이는 우연을 바라면 안 되며 결과에는 원인이 있으니 아무것도 하지 않으면 아무것도 일어나지 않는다는 말이기도 하다. 그럼에도 불구하고 거스를 수 없는 3가지의 우연은 '본인의 본질 찾기'의 시작점이 된다.

첫 번째 행운은 내가 태어난 환경이다. 최근 많은 새로운 말들이 생기고 있었다. 그중 금수저, 은수저 그리고 흙수저라는 단어를 모두 한 번쯤 들어봤을 것이다. 이것은 신조어로 나의 신분을 나타내는 용어이다. 누구나 환경의 중요성에 대해 잘 알 것이다. 태어난 환경은 내가 어떤 사람인지를 결정지을 수 있는 가장 큰 틀이 되기 때문이다. 따라서 내가 어떤 환경에서 태어났고 어떤 영향을 받아서 어떻게 살아왔는지를 돌아보는 시간은 '나의 본질' 찾기의 첫 번째 발걸음이다.

나는 이렇게 태어났으니 운명이라고 생각하며 한정된 가능성만을 인정하고 우물 안에서 세상을 바라보는 것이 아니라 '나는 비록 이렇게 태어났지만 이런 환경 속에서 이렇게 할 수 있다. 안 될 수도 있겠지만 그래도 한번 해볼까?'라는 생각을 가지고 세상을 바라보며 태어난 환경 속에서 나의 장점을 찾아 강화하라는 의미다. 본인의 가능성을 스스로 제한하지 말고 우주 속에서 무궁무진한 가능성을 지닌 인간임을 깨달아 무엇이든 하면서 태어난 환경에서 장점과 반면교사 삼을 만한 것을 찾아 앞으로 나아갔으면 좋겠다는 말이다.

두 번째 행운은 시대적 배경이다. 내가 어떤 시대에 살았는지 어떤 시대를 경험하는지를 인식하며 살아가는 것은 무척이나 중요하다. 만약 마이클 잭슨이 흑인이 노예로 살았던 시대에 태어났다면, 예술이 천대받던 시대에 태어났다고 가정해 보면 이해하기 쉬울 것이다. 반대로 마이클 잭슨이 흑인과 백인이 평등했던 시대에 태어났다면 자신만의 예술을 분출할 수 있었을까?

그뿐만 아니라 스포츠 선수를 비교해도 동일한 노력과 시간을 쏟았음에도 불구하고 인기종목을 선택한 선수와 비인기종목을 선택한 선수의 성과 차이는 상당히 크다. 이런 것이 시대적 배경의 중요성이 될 수 있다. 따라서 내가 어떤 시대에 태어났는지, 어떤 방향을 선택할 것인지를 이해하고 기회를 잡기 위해서는 역사적인 관점을 통한 인문학적 공부가 필요하다.

세 번째 행운은 주변의 영향이다. 첫 번째와 두 번째 행운이 우연이라고 한다면 세 번째 행운은 필연으로 어느 정도 우리의 노력과 직결된다고 볼 수 있다. 첫 번째와 두 번째 행운을 얻지 못했다고 해서 우리가 불행하다는 의미가 아니라, 세 번째 행운에 주목하고 노력을 기울여야 한다는 것이다.

많은 사람들이 첫 번째 행운을 놓치고, 두 번째 행운은 당연시 여기며 세 번째 행운을 깨닫기까지는 많은 시간을 소비한다.

부모님이 종교를 가지고 있다면 우리도 모르게 종교의 영향을 받거나, 친구 따라 강남 가는 것처럼 주변의 영향을 많이 받게 된다. 이런 말도 있지 않던가. '지금 생각나는 친구의 평균이 바로 나이다.' 서로의 영향을 받으며 닮아가는 게 사람이다. 시너지 효과를 낼 수도 있지만 세 번째 행운, 즉 필연을 아직 깨닫지 못하고 있을 수도 있다.

세 번째 행운은 우연 속에 탄생하지만 필연 속에서 성장한다. 주변을 한번 봐라. 그게 곧 나다. 그리고 환경을 바꿔라. 그러면 변화가 생길 것이다.

chapter 01

책을 읽어야 하는 이유

책을 읽어야 하는 이유

―

　내가 책을 좋아하게 된 것은 중학교 1학년 담임선생님의 영향이 크다. 엄마 따라 서예도 배우고 시골에서는 할 수 있는 놀이가 많지 않아 일기를 쓴 것을 담임선생님이 좋게 보셔 도서부를 추천받게 되었다. 도서부가 되니 매달 읽어야 할 필독 도서가 있어 책과 멀어지지 않았고 방학기간엔 도서부가 진행하는 다양한 행사들이 있어 책과 친근해질 수 있었다.

　중학교와 붙어 있는 고등학교에 입학하였고 고등학교를 다니면서도 도서부를 하였다. 자리가 사람을 만들 듯 반강제성이 더해져 책과 친밀한 관계가 형성되었는지도 모르겠다. 나는 이것을 세 번째 행운이라고 부른다. '그 사람을 만나지 못했더라면 이런 일이 생겼을까' 하는 그런 것 말이다. 이렇게 독서는 나에게 행동이 되었고 행동이 습관을 만들어 습관이 인생이 되었는지도 모르겠다. 책은 정말 중요하다. 내가 책을 좋아해서 이렇게 말하는 게 아니다. 내 인생을 부정하지 않기 위해 하는 말도 아니다. 역사가 그렇게 말해주고 있다.

최초로 문명이 시작된 것은 중동의 메소포타미아 문명, 즉 수메르에서 역사가 시작된 때부터 책이 중요하다는 이야기가 시작된다. 티그리스강과 유프라테스강 사이에 위치한 수메르 지역에서 많은 도시 국가들이 형성되기 시작했고 그중에서도 바벨론 제국은 가장 오래된 도시로 알려져 있다. 바벨론 제국 후손이 이스라엘을 멸망시키고 유대인들을 바벨론으로 끌어와 노예로 삼았지만(바벨론 유수), 페르시아 제국의 키루스 2세에 의해 바벨론은 정복되고 유대인들은 해방을 얻기도 한다. 이렇게 역사가 시작된 땅에는 페르시아인들이 살게 되고 사산 왕조에까지 이르게 된다.

사산 왕조는 지금의 이란의 기원이 되며 수백 년간 강대국으로 군림하지만 7세기에 이슬람교의 창시자인 무함마드를 통해 이슬람 국가가 형성되기 시작한다. 무함마드는 아라비아 반도를 중심으로 비잔티움 제국의 콘스탄티노플과 사산왕조 바그다드를 정복하였고 이슬람을 믿는 무슬림들이 가장 먼저 한 것은 비잔티움 제국의 콘스탄티노플 도서관과 사산왕조 바그다드 도서관(지혜의 집)의 책들을 전부 아랍어로 번역한 것이었다.

　콘스탄티노플은 실크로드의 주요 도시로 유럽과 아시아를 이어주는 접점이었으며, 바그다드는 바벨론의 도시에 형성되어 있었다. 거대한 도서관을 보유하게 된 이슬람 국가들은 다른 나라보다 앞서 발전할 수 있었고, 이를 증명하는 예로 8세기경 안달루시아(지금의 스페인)를 들 수 있다. 이슬람 우마이야 왕조가 설립한 안달루시아에는 목욕탕과 가로등이 있었으며 바로 옆 나라인 프랑스와 같은 유럽 국가들보다 수백 년 앞선 문명이 형성되었다.

　이슬람의 문화와 지식들은 11세기부터 13세기까지 진행된 십자군 전쟁을 통해 유럽으로 전파되었고 유럽의 과학 발전에 기여하게 된다. 이런 과정을 거쳐 르네상스 시대가 시작되었는데, 그 시작이 이슬람 국가에서 비롯된 것이라는 주장도 있다. 하지만 징기스칸의 침략으로 인해 이슬람 문화는 큰 타격을 입었고 이라크의 바그다드 도서관과 콘스탄티노플 도서관 등은 모두 불에 타며 소실된다. 그 후 오스만제국이 지배하게 되었지만, 시대의 흐름을 읽지 못한 보수적인 지배로 인해 지식과 지혜의 발전은 멈추게 되었고 결국 멸망하게 되었다.

　이것이 책이 만든 역사이다. 책이 중요한 이유이다. 책을 읽어야 하는 이유이기도 하며 책과 가까워야 하는 이유이기도 하다. 과거에도 그랬고 지금도 그렇다. 책을 읽지 않는 이유라는 것

1475년에 인쇄된 크리스토포로 부온델몬티(Cristoforo Buondelmonti)의 희귀한 책에 나오는 콘스탄티노플 도시의 고대 지도

은 없다. 다른 어떤 것을 합리화하더라도 독서를 하지 않는 이유만큼은 합리화하지 마라.

또한 인간은 두 번 태어난다고 하는데 하나는 육체적 탄생이며, 하나는 정신적 탄생이다. 육체적 탄생이 보잘것없다면 한 번의 기회가 더 있는데 그것이 바로 정신적으로 다시 태어나는 것이다. 육체적 탄생이 단순히 첫 번째 행운이라면 정신적 탄생은 노력의 결과일 것이다. 운과 노력을 규명하는 일이 다소 모호하긴 하지만 이것을 몸부림이라고 말하고 싶다. 그 몸부림의 여러 흔적 중 하나가 바로 독서다.

현재의 삶이 불행하고 보잘것없을지라도 마지막 위안은 있는데 그것은 바로 자존(본)을 지켜내는 일이다. 작게나마 독서가 없었다면 삶이 얼마나 허무하고 쓸쓸했을지 상상이 가는가? 책이 없다면 신도 침묵을 지키고 정의는 잠자며 자연과학은 정지되고 철학도 문학도 말이 없을 것이다.

독서를 하는 이유는 무언가를 이루기 위해서가 아니다. 돈을 벌고 기술을 익히고 지식을 자랑하기 위함이 아니다. 독서를 많이 하면 접하지 않은 세상과 사람을 더 많이 이해할 수 있으며 세상과 사람을 더 많이 담을 수 있다. 그렇기 때문에 조금이라도 더 풍요로운 인생을 살 수 있는 것이고 평온한 마음을 유지할 수 있는 것이다. 또한 독서 습관을 익히면 인생의 진리인 반복과 꾸준함을 적응하고 이해할 수 있다.

처음에는 귀찮고 어렵게 느껴질 수 있지만 일주일, 한 달, 일
년 동안 꾸준히 실행한다면 자연스럽게 습관이 될 수 있다. 이는
독서뿐만 아니라 다른 것들을 실천함에 있어도 도움을 줄 것이
다. 습관이 정착되면 자연스럽게 일상의 일부가 되기에 습관은 제
2의 천성이라고도 불린다.

현재에는 책 말고도 영화나 드라마와 같이 이야기를 표현
하는 수단이 확장되고 있다. 따라서 영화가 책을 대체할 수 있는
지, 아니면 여전히 책이 지성의 성배인지에 대한 물음에 답변을 하
자면, 당연히 영화도 교양의 일부이지만 영화는 '술' 같은 것이라
면 책은 '물' 같은 것이다. 물은 좋은 의미에서 차갑게 만들어주
고 술은 좋은 의미에서 뜨겁게 만들어주지만 이성은 기본적으로
차가운 것이라 교양에 있어서 영화는 영원히 책을 따라가지 못할
것이라는 이동진 평론가의 말을 우리는 의식해야 한다.

또한 우리는 기억할 것이 있다. 아시아의 최초 노벨상 수상
자인 라빈드라나트 타고르는 문학으로 방글라데시를 있게 만들
었고 미국의 독립의 시작도 토마스 페인의 상식이라는 책에서 시
작되었다. 이처럼 책은 위대한 유산이다.

시인이자 문학인 라빈드라나트 타고르(rabindranath tagore)의 유화
1861년 5월 7일 ~ 1941년 8월 7일

그는 인도 콜카타에서 배다른 15형제 가운데 열셋째아들로 출생하였다. 영국 런던 대
학교 유니버시티 칼리지 런던UCL(Universiy Collge London)에 유학하여, 법학과 문
학을 전공하였다. 1913년 아시아에서는 처음으로 노벨 문학상을 수상했다. 그 후
1929년 일본을 방문하였다. 타고르는 이 밖에도 방글라데시의 국가와 인도의 국가를
작사 · 작곡하였으며, 그가 시를 짓고 직접 곡까지 붙인 노래들은 로빈드로 숑기트
(Rabindra Sangit)라고 하여 방글라데시와 인도 서벵골 주를 아우르는 벵골어권에서
지금도 널리 불리고 있다. 뿐만 아니라 그는 간디에게 '마하트마(위대한 영혼)'라는 이
름을 지어 주었다.

출처 : 위키백과

chapter 02

누군가에게는

20대의 삶은 누구나 아름답지만
세상을 알기에는 너무 어리다

———

●● 20대 상담자 이야기 ●●

왜 몰랐을까 평범한 게 예쁜 나이임을, 20대. 누군가에게는 가장 예뻤다는 20대였고 누군가에게는 더할 나위 없는 20대였다. 그런 생각을 하는 사람들의 20대는 지금의 20대와 다른 20대를 살았을 것이다. 그때의 20대는 예뻤을 수도 있었고 더할 나위 없이 무엇을 하기에 좋았을 20대였을 수도 있다. 그러나 그것은 그때이고 만약 그때의 20대가 지금의 20대가 된다면 과연 예뻤을까-라고 말하고 싶다.

어느 날 누군가의 예쁜 아이로 태어났고 평범한 가정에서 누구보다 예쁨받으며 성장했다고 자부하며 살았다. 대부분 그렇듯 우리의 부모들은 다소 평범한 공무원이나 회사원이었을 것이다. 혹은 농사를 짓거나 사업을 하거나 음식점을 운영했을 수도 있겠다. 맞벌이를 하셨던 기억은 있지만 가물가물하고 언제부턴가 대부분의 시간을 엄마와 보내면서 살아왔다. 초등학교를 다녔고 생각보다 공부를 잘해 상도 여러 개 받았다. 그렇게 중학생이 되었고 부모님은 나에게 기대라는 것을 가지게 되었다.

초등학교 때부터 기대를 했을 수도 있었을 것이다. 초등학교 때부터 놀 시간을 줄여가며 학원을 다녔으니 아마 부모님이 나를 기대했을 것이다. 그렇게 중학생이 되었다. 중학생이 되었다고 크게 변하는 것은 없었고 학교와 학원을 오가는 단순한 일상을 살았다. 초등학교 때의 공부 실력을 지키는 게 자존심을 지키는 것인 듯하여 중학교에서도 공부를 열심히 했다. 그렇게 중학교 시절도 곧잘 지냈다.

그렇게 흔히 말하는 명문 고등학교에 입학했다. 누군가에게는 평범한 고등학교지만 누군가에게는 평범하지 않은 그런 시절의 이야기다. 고등학교에 갔다고 변한 것은 없었다. 주변의 친구들이 변했고 환경이 변했을 뿐이다. 어긋나기 시작한 것을 알기에는 그리 오랜 시간이 걸리지 않았다. 주변의 친구들이 다르고 환경이 달랐으며 내 실력은 누구보다도 내가 제일 잘 알았다. 처음에는 자존심에 흠집이 가는 게 싫어 열심히 했지만 여기는 명문 고등학교였다. 내가 잘 아는 내 실력으로 인해 좌절도 경험했다. 그렇게 고등학교의 목표가 조금 변하기 시작했고, 공부가 질리기 시작하며 공부에 지쳤을 때도 여전히 고등학생이었다. 다른 이들이 "너 왜 이 대학교에 가?" 물어볼 정도로 그리 좋지 않은 대학에 입학하게 되었다. 이런 평범한 시간, 평범한 경험, 평범한 추억도 내겐 예쁜 추억으로 남아있는데, 그건 아마도 무엇을 해도 예뻤을 나이였기 때문이 아니었을까.

** 기로 **

기로란 여러 갈래로 갈린 길을 뜻한다. 즉 어느 한쪽을 선택해야 하는 상황을 표현하는 말이다. 10대의 시기는 온실 속 화초와 같이 누구나 하는 것들을 따라 하고, 누구나 해야 하는 것들을 모방하며 학교를 다녔다. 마치 길의 안내자가 있는 듯했고 편안하고 잔잔했다.

그러나 20대는 기로의 연속이었다. 사회생활은 달랐고, 누군가 나를 챙겨주는 일은 결코 존재하지 않았다. 그렇게 나는 누군가에게 고용되었음을 알게 되었고, 그에 맞는 생활을 해야 한다고 생각하였다. 이는 나에게만 해당되는 것이 아니기에 그에 맞는 행동을 해야 하며 기로에 서는 상황이 많아짐을 느꼈다. 온실 속 화초에서 벗어난 지 얼마 안 된 갓난 아이와 다를 바 없기에 모든 것이 낯설기까지 했다. 그렇게 모든 일상은 회사 업무에 집중되어 있었고 일이 끝나도 일의 연속이 되어버렸다.

일에 힘쓰고 지쳐서 집에 오면 녹초가 되는 게 일상이었고 움직일 기운이 없어 바로 침대에 누웠다. 그렇게 요리를 할 기력은 저 멀리 사라져 저녁을 시켜 먹고 나면 잠이 들기 전까지의 남은 시간이 너무 귀했다. 이 시간만큼은 누구보다 행복해야 한다고 생각하면서 내가 가장 사랑하는 것들을 하나씩 즐겼다. 누워서 핸드폰으로 쇼핑을 하거나 유튜브로 재미를 찾거나, 인스타그램을 했다. 이렇게 나는 기로에서 열렬히 싸우다 무참히 전사했다.

** 이것저것 **

사회생활에 적응하면서 어느 순간부터 무엇인가에 눈을 뜨게 된다. 그 무엇은 바로 '돈'이라고 할 수 있겠다. 돈에 대한 관심이 생겨나기 시작하며 누가 월급을 얼마 받는지에 대한 관심을 가지며 그 기준으로 나 자신을 평가하기도 하고, '누구는 뭘 어떻게 해서 얼마를 벌었대'라는 말을 따라 이것저것 해보기도 한다. 사고 싶은 것도 많고 갖고 싶은 것도 많았기에 돈에 대한 열망도 커졌는데, 이는 내가 한 일에 대한 보상을 받고 싶었기 때문이기도 하다. 그냥 뭔가를 구매하는 기분이 좋아서, 그 느낌이 좋았던 것도 있었다. 이런 이유들로 인해 어느새 돈이 필요하다는 것을 깨닫는 나이가 되었음을 느꼈다.

돈을 알게 되면서 돈에 대한 씀씀이가 변하기 시작했다. 씀씀이가 변했다는 것보다는 그냥 '돈을 쓸 때 생각을 하게 되었다' 정도가 맞는 거 같다. 저녁을 시켜 먹을 때는 배달비가 비싸 포장을 하게 되고 쇼핑을 하루에 한 번 했다면 이틀에 한 번 하게 되면서 나도 이제 돈을 모아보겠다고 다짐을 한다. 사실 변하는 것은 아무것도 없었고, 여전히 이전 생활에 익숙해 있었다.

다른 사람들이 하는 돈 모으는 방법을 하나씩 따라 해보기 시작한다. '다른 사람들은 어떻게 했대'라는 친구들의 말을 들으며 혜택을 받을 수 있는 것들도 하나씩 시도해보며 다른 사람들이 다 돈을 벌고 있다는 주식에도 도전해본다. 물론 나는 잘 모르기 때문에 나보다 더 잘 아는 사람의 말을 듣는다. 친구들도 그 사람은 믿을 수 있는 사람이라고 했기에 그렇게 얼굴도 알지 못하는 사람의 말을 믿고 과감하게 투자를 시도하기도 한다.

** 다시 시작할 수 있을까 **

대학을 졸업하고 취업을 준비하며 사회생활에 적응하다 보면 시간이 부족하다는 것을 느낀다. 무엇을 하든 제한적인 상황에 처해 있다고 느끼게 된다. 이는 누구에게나 해당되는 말이

다. 낯선 환경에서 아무도 가르쳐주지 않는 인생을 설계하기에
는 여러 기로가 있었고 선택은 내가 해야 했다. 나름대로 잘 살
았다고 생각했다. 열심히 주식을 했지만 결코 나는 주식 고수가
아니었음을 느꼈고 시간이 흐르면서 더 현실적인 상황에 부딪히
고 있음을 체감하기도 한다. 연애를 하고 결혼도 해야 할 나이가
다가오고 있다는 것을 느끼며, 경제 관련 유튜브를 찾아보며 '이
전에 조금이라도 절약을 했으면 어땠을까'라는 생각도 해보고
'앞으로 잘해야지'라는 각오도 해본다.

언젠가 누군가(이 책의 저자 : 라뮤나)가 나에게 이런 말을
한 적이 있다. "근로소득과 자본소득의 구분을 확실히 해." 이
말을 계속 강조했다. 근로소득은 일을 해서 얻는 소득이고, 자
본소득은 자본이 돈을 알아서 굴려서 얻는 소득이라고. 자본소
득은 항상 근로소득보다 앞서가기 때문에 자본소득을 공부해
야 한다고.

그러면서 근로소득에 대한 이야기를 했다. 근로소득은 일
하면서 받는, 즉 월급인데, 이 월급은 초등학교나 중학교 때부
터 대학교까지의 공부의 결실이라고. 이렇게 근로소득을 위한 공
부에 20년을 투자한 거라고. 그러나 근로소득과 자본소득을 이
해하면 결과적으로 자본소득이 훨씬 앞서가는데, 그렇다면 자본
소득을 더 공부해야 하는 것 아니냐고.

어릴 때부터 근로소득을 위해 열심히 공부를 했는데, 자본소득을 위해 왜 덜 공부하냐고 물었다. 맞는 말이긴 했지만 크게 와 닿지는 않았다. 나만 그럴 수도 있지만 나는 초등학교 때도 열심히 공부했고 중학교 때에도 열심히 공부해서 고등학교에 진학했다. 그러나 결과적으로는 좋은 성과를 내지 못했다. 그래서 공부가 질렸고 지쳤다. 공부라는 것에 좋은 인식이 없어서 그 말이 그렇게 와 닿지 않았나 보다. "그래, 나 지쳤다."

온실 속 화초로 살다가 사회생활에 적응하려고 여러 기로에 섰고, 낯선 환경에서 열심히 살았지만 지금까지 배운 방식이 아닌 다른 식으로 처음부터 다시 공부를 시작할 수 있을까.

❋ 시작과 끝 ❋

요즘 주변 사람들이나 친구들에게서 "주식이든 뭐든 한번 해보는 게 어떻겠냐"라는 말을 자주 듣는다. 다른 사람들이 하는 것을 보면 공부를 조금씩이라도 하는 게 맞는다는 생각이 들어 무작정 베스트셀러라는 책을 이것저것 읽기도 한다. '이렇게 읽다 보면 뭐라도 쌓이겠지'라는 생각으로 경제에 도움이 되는 책을 하나씩 읽는다. 최근에는 배터리가 대세라는 이야기를 듣고 배터리 관련 책을 읽거나 테슬라 주식이 계속 상승한다는 이야기에 전기차와 관련된 책을 읽기도 한다. 몰랐던 것을 알아가면서 나도 뭔가를 할 수 있을 것 같은 자신감이 생긴다.

이렇게 주식 관련 책을 읽다 보니 어느새 부동산에도 흥미가 생긴다. 돈이 없다면 소액으로 경매부터 시작해 보자는 생각으로 경매 관련 책도 읽으며 꽤 긴 시간 동안 책에 빠진다. 한참을 열심히 공부한다. 한 달 정도 지났나? 두 달이 지났나? 거의 세 달 동안은 열심히 한다. 누구보다 열심히 했다고 자부할 정도로 열심히 한 것 같다. 그런데 공부를 하면서 기대했던 성과가 눈앞에 보이지 않으니 허탈하다.

내가 하는 게 공부가 맞는지, 공부를 대체 어떻게 해야 하는지에 대해 다시 한번 방황하게 되고 점점 지쳐가며 또 공부에 질리게 된다. 부동산을 공부하면서도 느낀다. 내가 지금까지 모은 돈으로 열심히 공부하고 배워도 변화는 그리 크지 않다. 내가 할 수 있는 것에 한계를 느끼며 다시 한번 "이불 밖은 위험해"라고 외치며 침대 속의 행복함으로 돌아가게 된다.

** 경험 **

20대의 '경험'의 유무가 30대를 만드는 결정적인 차이가 될 수 있겠다고 생각한다. 20대의 마지막을 달리고 있는 상황에서도 '내가 조금 더 젊었더라면'이라는 생각만 남게 되었는데, 이 생각은 결국 '좀 더 일찍 경험했더라면'을 뜻하는 것이었다.

　나만 그런 것일 수도 있을 수 있지만 대학생까지는 온실 속의 화초처럼 자랐다. 고등학교 졸업 후 비교적 사회생활을 일찍 시작한 사람들도 있겠지만, 고등학교까지, 즉 공부를 할 때까지 우리는 단지 온실 속의 화초에 지나지 않았다. 이미 정해진 길을 따라가는 방식으로 살아왔다. 물론 그런 환경에서도 경험을 얻을 수 있지만, 이는 사회생활을 하면서 하게 되는 경험과는 차원이 다르다. 물론 온실 속 화초로 살며 얻는 경험도 처음에는 신선했지만, 그 기간은 너무 길었기에 어느 순간 무뎌지고 익숙해졌다.

　초등학교부터 고등학교 혹은 대학교까지의 기간은 너무나도 길었고, 그 과정에서 신선하고 새로운 자극은 더 이상 찾을 수 없었다. 그러나 사회생활에서 만나게 되는 경험은 나의 선택으로 일어나는 경험의 연속이다. 처음에는 신선할 것이다.

　하지만 반복되면 초등학교부터 고등학교 혹은 대학교까지의 경험과 다를 바 없다. 달라지는 것은 어렸을 때는 제한만이 존재했지만 사회생활의 반복에서는 제한이 없다는 것이다. 어떤 일이든 내가 원하는 대로 경험할 수 있다. 지금 생각하면 그걸 위해 돈을 버는 것이 아닌가 싶을 정도다.

초등학교, 중학교, 고등학교 그리고 대학교까지의 길고 긴 늪으로 다시 돌아가려고? 선택은 본인에게 달렸다. 나는 단지 당신이 이불 밖으로 나왔으면 한다.

30대는 돈 모으는 방법을 설명할 수 있다

———

●● 작가 이야기 ●●

월급(고정수익) - 안정감과 여유 - 올바른 생각 – 현실 직시 - 월급을 다르게 정의하기 - 한계 극복으로 역치 없애기

●● 고정 수입의 중요성 ●●

나는 초등학교 저학년 시절에 아빠로부터 한 달에 5천 원이라는 용돈을 받았다. 하교 후 친구들이랑 간식을 사먹었는데 학교에서 조금 떨어진 문구점에서 파는 불량식품 같은 것들이 300원 정도였기 때문에 생각보다 용돈이 많이 남았다. 어릴 때부터 아빠와 엄마를 따라 하는 것을 좋아했던 나는 엄마가 항상 사용하던 가계부를 따라 쓰기도 했다.

엄마는 유리문이 달린 검정 책장 한편에 가계부랑 영수증 관련된 서류를 차곡차곡 모아 놓으셨는데, 나에게는 그게 어른

들만 할 수 있는 일로 보였고, 어른이 되고 싶은 어린 마음에 그걸 따라 하기 시작했는지도 모르겠다.

한 달에 2천 원, 3천 원 정도 남으면 흰색 은행 봉투에 모아서 엄마 가계부 옆에 똑같이 세로로 꽂아두곤 했다. 동생이 뭘먹고 싶어 하는 기색이 보이면 돈이 없다고 잔액을 확인하는 척을 했던 기억도 새록새록 난다.

처음에는 3만 원을 모으는 것이 목표였고, 실제로 3만 원을 모은 후에는 그 돈을 사용하는 것이 아까웠던 어린 시절을 지나왔다. 그렇게 3만 원이 10만 원의 저축으로 늘어나고, 차근차근 저축 금액을 늘려가기 시작했다. 초등학교 고학년에 접어들면서 용돈의 액수도 늘어났다. 나의 씀씀이는 2배가 되지 않았지만 용돈은 2배가 되었기 때문에 한 달에 모을 수 있는 금액도 그만큼 더 늘어났다. 이때부터 돈을 모아본 사람만 알 수 있다는 손맛을 알게 된 게 아닌가 싶다. 돈이 쌓여서 봉투가 두꺼워지는 그 희열 말이다. 용돈이 늘어나 10만 원은 금방 모을 수 있었고, 그 때도 같은 생각을 했다. '이걸 아까워서 어떻게 쓰지.'

10만 원이 있다는 사실은 어떤 이유에서인지 나를 매우 든든하게 만들었고, 마음만 먹으면 내가 원하는 것을 살 수 있다는 안도감은 지금까지도 생생히 기억난다. 살 수 있는데 안 사는 것과 사고 싶은데 못 사는 것은 하늘과 땅 차이라는 것을 일찍 알아버렸달까? 그래서 초등학교 때 이미 돈을 많이 쓰지 않아도 여유롭고 풍족한 마음을 가지는 방법을 알게 되었던 것 같다.

중학교에 입학할 때 용돈은 더욱 늘어났고, 그 후로는 만 원 단위의 용돈을 받게 되었다. 이렇게 내 저축 잔액은 10만 원을 넘어선 30만 원이 되었고, 아빠도 용돈도 5만 원으로 올려주었다. 용돈에는 학원을 다니면서 간식을 사 먹는 비용도 포함되었다. 이때만 해도 '고등학교까지 60만 원을 모을 수 있고 그 돈으로 PMP를 사야지'라고 생각했다. 하지만 막상 내 돈으로 PMP를 사려고 하니 어찌나 아깝던지. '그래, 이건 공부에 필요한 거니까 부모님한테 사달라고 조르자'라고 생각했던 기억도 난다.

2007년에서 2008년쯤 되는 당시는 기준 금리가 5.25%까지 올랐던 고금리 시대였는데, 그때 나는 기준금리에 대한 개념은 전혀 없었지만 다행히도 엄마를 통해서 새마을 금고가 7%대의 이자를 준다는 사실을 알게 되었다. 그때부터 새마을금고에 가입하여 7%대의 이자를 받게 되었고 저축액이 100만 원에 도달했을 때 새마을금고에 가입한 지 1년이 지났기에 7만 원이라는 이자가 붙는다는 것을 경험하며 정말 기뻐했던 기억이 아직도 생생하다.

청소년 시절엔 투자하는 방법을 모르고 기회비용 개념도 없었기 때문에, 순전히 현금을 통장에 넣어뒀을 뿐인데도 이자를 받는 희열은 즐거움이 되었다. 나는 초등학교, 중학교, 고등학교 시절을 통틀어서 용돈이 부족해 부모님께 더 달라고 조른 적은 단 한 번도 없었다. 내 용돈 통장의 잔액은 항상 부족함이 없었고 이것이 내 마음을 풍족하게 해주었는지도 모른다.

부모님이 기특해하는 것은 덤이었고 중요한 것은 부모님도 나에게 돈을 아끼라고 한 적이 없었다는 것이었다. 나는 스스로 저축의 즐거움을 느꼈다. 이 방법으로 대학교 때 아르바이트를 하면서 방학이 되면 부모님의 도움 없이 해외여행도 다니곤 했다. 초등학교 때 친구들 집에 놀러가면 부모님들이 서랍장 위에 5천 원씩 올려두시거나, 비상금이라며 주방에 숨겨놓으시거나, 정해진 용돈 없이 필요할 때마다 천 원씩을 주시는 부모님들이 계셨는데, 나는 당시에도 그러한 방법으로는 자식들이 돈을 모으는 방법을 배울 수 없다고 생각했다.

예산 한도를 정해줘야 그 안에서 아끼면서 쓰는 법을 배우게 되고, 만약 용돈을 초과하는 물건을 사고 싶으면 이번 달에 아껴 다음 달에 돈을 보태서 살 줄 알아야 한다.

** 빠르게 몸값 올리기 **

나는 작은 동네에서 자랐기 때문에 운이 좋게도 사교육에 대한 개념을 이해하지 못한 채 고등학교를 다녔다. 어떻게 보면 우물 안의 개구리였을 수도 있지만.

나의 고등학교 시절은 사교육에 대한 반대 여론이 워낙 거셌기 때문에 EBS 체제로 전환되었던 시기였다. 그래서 EBS 인터넷 강의가 많아졌고 학교에서의 수업도 EBS 위주로 진행되었다. 이로 인해 학원과 과외의 중요성이 줄어들게 된 시기였다. 고등학교 때는 공부를 잘하지도 못했을뿐더러 당시에는 '취직'만을 위해 대학에 진학하는 것이 인기가 있던 시기여서, 나는 취직이 잘 되는 학과를 선택했으며 그저 친구들 따라 "너는 어디 가?" "나는 여기"라는 식으로 대학에 진학했다.

대학에 진학해서도 고등학교 때 이미 용돈에 대한 개념이 잡혀있었기 때문인지 '용돈'이 부족하지는 않았다. 용돈을 더 달라고 한 적도 없었고 대학생활을 하면서도 친구들과는 약간 다른 생활을 하기도 했다. 딱히 부족한 건 없었지만 아르바이트를 하면서 돈을 모으기 시작했다. 아빠 덕분에 취미가 돈이 된다는 것을 알고 있었기 때문에, 내가 좋아하는 것을 모으며 아는 만큼 돈이 된다는 것을 깨달아 갔다. 하나둘씩 모으기 시작한 것들이 어느 순간 예쁘고 인기 있는 물건이 되어 가격이 비싸졌고 구하기 어려워지기도 했다. 그렇게 희귀한 아이템을 모으며 그 가치를 알게 되었다.

지금은 흔히 접할 수 있는 '리셀'이라는 단어를 조금 일찍 알게 되었고, 좋아하는 분야에는 다른 접근 방식을 시도해보면서 옷을 좋아했던 어린 시절, 옷에 대해 접근 방식을 달리하기도 했다. 생산을 중단한 시즌별 아이템들은 희소성을 갖게 되었는데, 이는 신발도 마찬가지였다. 지금은 조던의 발매가보다 판매가가 비싸다는 것을 할아버지, 할머니도 아는 시절이지만, 그 당시에는 극소수만 알았기 때문에 취미의 폭도 넓히고 돈도 벌면서 소비를 해도 돈이 줄어들지 않은 적정선을 알게 되었다.

** 주변을 통해 자극받기 **

시골에서 자라 초등학교부터 고등학교 때까지는 거의 같은 친구들과 지냈고, 대학교 생활도 그 수준에 맞는 대학에 진학했기에 비슷한 환경의 친구들과 함께 지냈다. 그러나 직장에 들어오면서는 연령부터가 제각각이었고 사는 방식도 다양하여 다양한 종류의 자극을 받게 되었다. 어떤 사람은 과장의 역할만 하는 반면, 어떤 사람은 직급은 없지만 회사 업무와 관련된 학회,

강의, 수업을 참여하며 시간을 보내는 것을 보았다. 또한 유튜브를 시작한 사람도 있었고 남편의 직업으로부터 영향을 받아 다른 분야에 흥미를 느끼는 사람도 있었다. 다양한 사람들과의 만남을 통해 배울 점이 있는 사람들을 쉽게 알아볼 수 있게 되었는지도 모르겠다. 이를 통해, 하고자 하는 의지만 있다면 한계란 존재하지 않는다는 것을 깨달았다.

** 1억이라는 시드의 가치 **

이전과 지금을 포함하여, 사람들이 항상 강조하는 것은 '1억 원을 모으는 것'이다. 이것은 마치 누가 먼저 1억 원을 모으는지 겨루는 게임처럼 느껴졌다. 한 달에 350만 원을 받을 때도 300만 원을 저축하려 애를 썼다. 1년에 3천만 원 이상을 모으려고 애를 썼다. 그러면서도 그때는 원하는 것을 다 하고 싶다는 욕구가 있었기에 비싼 옷도 사고 싶고 여러 가지를 하고 싶어 취미 생활을 다양하게 많이 했다.

처음에는 적금이나 예금과 같은 일반적인 방법으로 저축을 하면서 2차 금융 적금도 알아보았다. 그랬더니 주변에서 "그럴 거면 채권도 알아봐."라는 말을 해서 채권에 투자하게 되었고 이로써 재테크에 접근하게 되었다. 이렇게 성과급을 모아 해외

여행도 다니며 목표를 정확히 설정하고 돈을 사용하다 보니, 1억 원을 모으는 데 3년 정도 걸렸던 것 같다. 20대 중후반에 1억을 모았는데, 그 후로는 더 수월하게 돈을 모을 수 있는 방법들을 알게 되었다.

이 과정을 통해 느낀 것은 1억이라는 시드의 가치가 생각보다 크다는 것이다. 1억이라는 돈 자체가 크다기보다는, 그 당시 20대 중후반에 1억 원을 모은 사람들이 많지 않았기 때문에, 그런 사람들에 비해 나는 뭐를 해도 될 거 같은 느낌이 들었고, 자부심도 가득했다. 이 자부심이 지금까지도 지속되고 있는 것을 보면, 1억 원이라는 돈이 가진 가치는 무궁무진하다는 생각이 든다. 이러한 생각과 행동을 통해 기회를 만들 수 있으며, 그 기회에서 얻을 수 있는 것들은 결코 운이 아닌 내가 만들어낸 결과라는 것을 증명할 수 있으니 말이다.

◦◦ 여유로움의 가치 ◦◦

지금까지는 '용기'라는 것은 결코 필요하지 않았다. 중요한 것은 습관, 환경, 생각의 차이와 생활 방식이었다. 나는 '용기'라는 것이 필요하지 않은 매우 소극적인 스타일을 가지고 있었고 어찌 보면 현재에도 소극적인 성향이 어느 정도 남아 있는 것

같다. 부모님이 항상 주식이나 도박은 하지 말라고 강조하셨기에 주식에는 관심을 가지지 않았고, 대신 국채나 회사채에 관심을 가졌다.

내가 10대 때는 이자율이 7%였지만 20대 중반에는 이자율이 1.7%로 떨어졌고 국채나 회사채 역시 2% 초반이었다. 그래도 은행 이자보다는 높은 수준이었기에 국채나 회사채를 사기 시작했다. 그러나 거래 가능한 등급은 BBB+ 이상이었고, 석탄 회사 같은 곳에서 4~5% 회사채를 발행하기도 했지만 '만약 저 회사가 망한다면 어떡하지'라는 생각에 용기를 내지 못한 적도 있다.

저금리 시대였기 때문에 회사가 망한다는 이야기가 많지는 않았는데, 왜 회사가 망할 것 같은 느낌이 들었을까? 그만큼 내 투자 스타일은 소극적이었다. 그렇게 적금, 예금, 국채 및 회사채에 돈을 조금씩 넣으면서 오로지 '저축'에만 전념하는 생활을 계속했다. 그러다가 직장 계약이 끝나고 다른 일을 하고 싶은 생각이 들어 1년 동안 일을 쉬게 되었다.

모은 돈으로 여행을 다니면서 방황했고 미래에 대한 생각도 많이 했다. 지금 생각해보면 그것도 모아둔 돈이 있었기에 가능했던 것이다. 그러나 결국 배운 건 도둑질 밖에 없다는 것을 깨닫고 결국 다시 도둑질을 시작했다. 돈이 있다고 다른 것을 과감하게 할 수 있는 용기는 나에게 없었고, 무엇을 할지 막연하게 생각만 했다. 그때가 내 나이 27살이었다.

아마 그때 했던 생각은 런던에서 방 한 칸을 임대받고 그 방을 더 쪼개 게스트하우스를 운영하며 티켓팅 사업을 하는 것이었던 것 같다. 호주 워킹 홀리데이에 대해서도 많이 고민하고 자문도 받았던 것 같은데 아쉽게 이전 일자리를 다시 찾았다. 다시 시작한 일은 계약직이었지만 이전보다 큰 직장이었기 때문에 더 많은 경험을 쌓게 되었다. 그렇게 주식에 관심을 갖게 되었고, 주식뿐 아니라 살면서 필요한 많은 것들에도 눈을 뜨게 되었다.

시간이 흐르면서 정규직으로 취직하게 되었고, 그것이 기뻤는지는 아직도 알 수 없지만 내가 꽤 좋았다고 생각했던 이유는 바로 시기 때문이었다. '생각의 전환'을 경험한 후의 정규직이었다는 의미이다. 정규직이 되면 누구나 공통적인 생각을 한다. 계약직과는 다른 여유로움이 생긴다는 것이다. 안정감을 느끼고 미래를 생각하게 되면 그동안 보지 못했던 것들이 조금씩 보이기 시작한다.

인턴이나 계약직을 하게 되면 누구나 정규직이라는 꿈을 가지게 되고, 모두는 그 꿈 앞에서 평등했다. 그렇기 때문에 인턴이나 계약직끼리는 더욱 친해지고 동질감이라는 깊은 뿌리가 얽혀 돈독해진다. 그러나 정규직이라는 목표를 달성하고 나면, 이전에 동일했던 목표의 시선이 각자의 또다른 목표의 시선으로 나눠지게 된다. 여기에 생각의 여유로움이 더해지면 만나서 하는 대화는 결국 '돈'에 관련된 이야기다. 그렇게 이전보다 돈에 관심을 더 많이 가지게 된다. 왜? 여유로워졌으니까. 심적으로도 물질적으로도 모든 면에서 다.

하지만 이런 여유로움이 계속되면 동생의 유치원 시절처럼 성장하지 못하는 '독'이 되어버릴 수 있으니, 빠르게 즐기고 탈출하면 좋겠다.

❞ 뭐라도 할 수 있는 나이 ❞

돈은 사람마다 그 중요성과 가치를 다르게 생각할 수 있지만, 돈이 있다면 사랑하는 사람에게 부족함 없이 모든 것을 제공할 수 있다는 점에 대해서는 모두가 공감할 것이다. 또한 돈이 있는 것만으로도 자신감과 자존감이 높아질 수 있다는 것은 사실인데, 이는 돈을 가지고 있다는 것은 경제적인 안정과 선택의 폭을 넓힐 수 있는 요인이기 때문이다.

하지만 돈만큼이나 중요한 것은 자신의 본질과 가치를 발견하고 그에 따라 노력하고 성장하는 것이다. 돈이 없어도 자신감과 자존감을 키울 수 있고, 모든 사람이 그것을 이룰 수 있는 가능성을 가지고 있다는 것을 알았으면 좋겠다. 돈은 단지 도구일 뿐이며 어떤 일을 하든지 결국 자신이 한 시도와 노력에 달려있다.

30대는 많은 가능성을 갖고 있는 나이이며, 자신의 역량을 발휘하고 다양한 시도를 할 수 있는 시기이다. 가지고 있는 돈의 규모와 상관없이 자신의 가치와 능력을 향상시키기 위해서는 꾸준한 노력과 공부를 해야 한다. 중요한 것은 주어진 시간과 자기 자신을 최대한 활용하여 정신을 다듬고 본질을 찾아가는 것이다.

30대는 두 가지로 나눠지며
어느 정도 계급이 정해진다

———

"어른이 되어버렸다." 20대를 거쳐 30대가 되었다. 그러나 막상 30대가 되었다고 곧장 변화가 일어나지는 않더라. 그런 기적은 없다. 단지 20대와 비교하면 다양한 경험을 통해 좀 더 성장하였고 또한 20대에 할 수 있었던 과감한 행동들이 조금은 주저된다는 것을 느낄 수 있을 뿐이다.

** 에너지 보존의 법칙 **

30대에는 약간의 여유로움이 추가된다. 이 여유로움은 30대의 방향성을 결정하며 영향을 미치게 되는데 이는 '에너지 보존의 법칙'과 비슷한 면이 있다. 에너지 보존의 법칙은 에너지가 변화할 때의 전과 후의 에너지 총량은 변하지 않는다는 것이다.

이를 인생으로 비유해 보면, 인생에도 에너지 총량의 법칙이 적용되지 않을까 싶다.

예를 들어 유흥이라는 개념을 기준으로 살펴본다면, 인생에서 유흥의 총량이 100이라고 가정해 보자. 어릴 때 10이면 성장하면서 유흥의 양은 90까지 더 늘어날 수 있는 잠재력을 가지고 있다는 것이다. 유흥을 행복으로 바꿔도 비슷한 결과가 도출된다. 따라서 30대에는 약간의 여유로움이 추가되기에 이러한 여유로움을 어떻게 활용하느냐에 따라 어떤 이는 망나니로 전락할 수 있고 또 다른 어떤 이는 새로운 인생이 열릴 수도 있는 것이다.

30대가 된다는 건 어릴 때 몰랐던 탄성력을 무시하면 안 될 나이가 되었다는 것이다. 고삐가 풀릴 수도 있고 열정이 생길 수도 있다. 사람마다 다르게 적용될 것이다. 이에 30대는 두 갈래로 나눠진다고 정의한다. 사다리를 탈 수 있는 사람과 사다리를 타지 못하는 사람. 사람마다 여유로움이 빨리 올 수도 있고 늦게 올 수 있다. 시기는 다르지만, 중요한 건 누구에게나 여유로움이 온다는 것이다. 30대에 들어서면 이미 삶의 계급이 정해지기 마련이며 그 계급이 정해지는 기간은 결코 길지 않다. (사다리는 먼저 타는 사람이 뒤에 타는 사람보다 목적지에 빠르게 도달할 수 있다. 교통체증이 생기는 원리와 비슷하게 이해하면 좋을 듯하다.)

계급이 정해지는 기간이 결코 길지 않다는 것은 경제 관념을 깨닫고 깨닫지 못하는 차이를 말하는 것이고 생각보다 사람들은 그 깨달음을 주변을 통해 받기 때문에 끼리끼리의 법칙 속에 허우적거리면 결코 그 깨달음을 얻을 수 없게 된다. 이 말을 하는 이유는 나이에 맞는 행동을 하자는 것이다. 10대는 공부를 하는 것이 맞고 20대는 노는 것이 맞다. 나는 누구보다 20대에는 하고 싶은 걸 다 했으면 좋겠다고 말하는 사람이다. 때론 후회를 하더라도 말이다.

20대에 죽어라고 놀아봐야 30대가 되었을 때 누구보다도 빨리 깨달음을 얻을 수 있다고 확신한다. 이것 또한 에너지 보존의 법칙이다. 20대만큼은 유교적인 수동적 사고에서 벗어나 더욱 능동적으로 살아가면 좋겠다. 30대가 되면 그전에 아무리 능동적이었더라도 수동적인 사고관을 갖게 되는 경향이 있기 때문이다.

** 가난이 무엇인지 생각하게 된다 **

50대 때 가난이 무엇인지 정의를 할 수 있다면, 30대에는 가난이 무엇인지 경험할 수 있다. 50대에는 가난을 제3자의 시각에서 바라볼 수 있는 덕목이 생기게 된다면, 30대는 그런 50대가 보는 많은 사람 중 한 명에 불과하다. 30대가 과연 무엇을 하였고 무엇이 있다고 가난을 정의할 수 있겠나. 정의라는 것은 가난이라는 단어만으로 이루어질 수 있는 것이 아니다. 가난과 대조되는 어떤 단어가 있어야만 정의할 수 있는 것이다.

50대는 가난과 대조되는 단어를 간접적 혹은 직접적으로 경험해 봄으로써 가난을 정의할 수 있게 된다. 하지만 30대는 다르다. 그들은 오직 경험만 있을 뿐이다. 그 경험을 통해 가난의 불편함을 알게 되고, 그 불편함이 가난과 대조되는 단어와 접하게 하기도 한다. 가난이 돈에만 해당되는 것은 아니지만 돈과 가난이 밀접한 관련이 있는 것은 사실이다. 행복하지 못한 가난, 식량이 없는 가난, 지식이 없는 가난, 정신적인 가난, 이 모든 것의 '갑'에는 돈이 속하지 않는 것이 사실이지만 '을'에는 속할 수 있다. 나에게는 어릴 때부터 아픈 동생이 있다. 그래서 어릴 때부터 병원을 자주 다녔으며 현재도 변함이 없다. 동생이 있었기에 부모님이 더욱 열심히 사셨을 것이고, 내가 있었기 때문에 더욱 노력하셨을 것이다. 나는 그렇게 믿고 있다. 지금 눈에 보이는 결과가 그러하니까.

어렸을 때부터 병원을 많이 다녀서 그런지, 다인실 병실을 사용하면서 많은 것을 느꼈다. 만약 당신이 아팠을 때, 어떤 이는 바쁘더라도 꼬박꼬박 시간을 내어 간호를 해주었고, 어떤 이는 바빠서 간호는 하지 못했지만 병원비를 내주었다고 하자. 당신은 누구에게 더 큰 고마움을 느낄까?

둘 모두에게 고마움을 느끼는 것은 당연하겠지만, 내 마음 깊은 곳에는 병원비를 낸 사람에게 더 감사했다는 기억이 남아 있다. 나이가 들면서 느끼는 방식이 달라지긴 했지만 깊이 박힌 인식에는 변함이 없다. 그 당시에는 인건비가 중요하지 않았던 시절이었다고 나 자신에게 타협점을 준다고 해도 변함이 없는 것은 마찬가지다. 만약 인식 속에 존재하는 그 아팠던 사람이 가난하지 않았더라면 조금은 다르게 행동을 했을 테니 이 얼마나 안타까운가. 나는 그렇게 돈이라는 것을 알게 되었다.

** 가난할수록 **

어렸을 때의 나는 조금 어리석은 생각을 가지고 있었다. 가난할수록 돈에 집착하는 줄 알았고, 부모님은 내가 돈에 집착하지 않도록 지원해주셨다. 그래서 하고 싶은 일을 대부분 할 수 있게 해주셨고, 나는 우물 안 개구리처럼 내가 아는 것만 보이던 시기였기에 내 나름대로는 무척이나 만족하면서 살았다. 그런 생각이 있었기에 '돈을 밝히는 사람'을 속물로 인식하기도 했다. 이 인식은 취업 후에도 변함이 없었다. 부모님께서 절약하시는 모습을 보며 자라서 그런지 나 또한 비슷하게 흉내를 내면서 살아왔지만 "돈, 돈, 돈" 거리지 않았고 돈에 집착하는 모습을 티 내지 않았다.

대학교 동기 중에 나보다 한 살 많은 형님이 있는데 그 형님은 어릴 때부터 돈에 대한 개념이 나와는 많이 달랐다. 그때는 단순히 돈에 집착하는 그 형님에게 미지근한 마음으로 미지근하게 행동했었다. 형님은 가구 단지에서 가구점을 운영하다가 가구점을 폐업하고 원룸 사업에 참여해 원룸을 관리하는 아버지를 통해 돈의 개념과 부를 경험하였다. 일찍 부의 흐름을 경험하였고 그 방향에 맞춰 행동했을 뿐이었다. 반면 우리 아버지는 시골에서 벼농사를 지으며 일일이 번 돈을 기쁘게 생각하며 지냈다. 그것이 우리의 차이였다.

지금은 가난할수록 돈에 더 집착한다는 말을 믿지 않는다. 또한 돈을 밝힌다고 해서 속물로 여기지도 않는다. 누구나 돈에 집착하는 것이 당연하다. 가난하면 돈에 대한 인식을 조금 더 일찍 깨달을 뿐이다. 나는 그것을 섣불리 판단하였고, 그렇게 행동했으면 안 됐다. 만약 그렇게 행동하지 않았다면 조금 더 빠르게 부의 흐름에 올라탈 수 있었을 것이다.

가난을 무기라고 표현하기도 한다. 가난을 겪고 모든 것을 잃은 사람과 가난을 겪지 않고 모든 것을 잃는 사람 사이의 차이에서 가난은 무기가 될 수 있다는 것이다. 가난을 겪었다고 부끄러워할 필요는 없으며 오히려 감사해야 한다고 말한다. 가난은 도약을 더욱 빠르게 이룰 수 있게 하고 가난을 경험한 사람은 부를 성취할 수 있는 발판을 빠르게 만들 수 있다.

** 사람은 생각보다 열심히 살지 않는다. **

중요한 것은 사람들은 생각보다 열심히 살지 않는다는 것이다. 사람은 간사하고 편리함에 적응하는 동물이기 때문이다. 그렇다. 인생은 우주에 비하면 매우 짧은 시간이며, 이 짧은 인생 속에서 사람들은 더 간사하게 행동하고 편리함에 빠르게 적응하는 경향이 있다. 왜 이런 이야기를 할까? 그것은 사람들은 생각보다 열심히 살지 않기 때문에, 조금이라도 열심히 산다면 아직까지는 계급을 이동할 수 있는 약간의 가능성이 남아있다는 것을 말하고 싶기 때문이다. 아직도 우리나라는 다른 나라들보다 상대적으로 계급 이동이 용이한 나라라고 생각한다.

유럽을 예시로 들면, 유럽에는 이미 보이지 않는 계급이 존재하고 있는데, 그냥 평범하게 태어났다면 평범함만 볼 수 있는 우물 안에서 살고 그 삶에 만족하게 된다. 그렇게 행복지수는 올라간다. 추월선이 없기 때문에 추월을 할 생각도 하지 않는다.

미국은 다를까? 비슷하다. 물론 예외는 있겠지만, 일반적인 경향이 그렇다. 그러나 우리나라는 어떤가? 공부를 하다 보면 어쩔 수 없이 기회가 보이게 된다. 기회가 많았다는 것이다. 닷컴버블도 기회였고 계속 상승하는 부동산도 기회였고 비트코인 폭등도 기회였다. 또 다른 기회도 분명 있었을 것이다.

아는 만큼 보이기 마련이고 이러한 차이가 빈부격차를 만들어낸다. 이런 이유로 아직까지는 우리나라만큼 살기 좋은 나라가 없다고 생각한다. 즉 무엇이든 하라는 것이다.

** 설렘이 두려움으로 바뀌는 순간 **

30대가 되고 현실을 어느 정도 깨닫게 되면, 아쉽게도 보이는 것만 믿고 아는 만큼만 보인다. 무엇을 해도 예쁜 나이가 지나고 무엇을 해야 하는 나이를 맞이하면 막상 무엇을 하기가 두려워진다. 변화를 주도하는 능동적인 생각은 줄어들고 수동적인 생각이 스스로를 지배하게 된다. 이렇듯 변화를 만드는 것은 쉽지 않다. 설렘보다는 도전과 변화에 대한 두려움이 앞서고 끊임없이 안정적인 것을 추구한다. 이러한 모습은 과거의 청나라와 오스만제국과 다를 바가 없다.

과거 청나라나 오스만제국이 유럽보다 한 발자국 앞서갔

음에도 불구하고 유럽이 패권국이 되었던 이유는 변화에 대한 두려움이 설렘을 앞섰기 때문이다. 우리나라 역시 쇄국정책을 경험한 적이 있다. 표트르 대제의 러시아가 한 발자국 앞서 나갔던 이유는 현실을 인정하고 받아들였기 때문이기도 하다. 다시 말해, 도전했기 때문이다.

오스만 제국의 웅장한 술레이만 모스크(1955~1957)

공부하는 이유와 월급의 정의

———

** 공부하는 이유 **

우리는 어렸을 때부터 생각이 점차 형성되고 자기의 의견을 고수하기 시작하면서 무언가를 배우기 시작하는데, 이러한 학습은 인생의 여정이기도 하다. 우리는 정해진 교육과정을 따라 유치원에 입학하고 초등학교에 발을 들이며 공부를 시작한다.

그 나이가 여섯 살이라고 가정하면, 여섯 살부터 우리는 정해진 교육과정을 따라가며 공부를 하게 된다. 초등학교, 중학교, 고등학교를 거치면서 산수와 한글 등을 배우게 되고 그 당시에는 이러한 학습이 당연한 것이다. 그때부터 공부를 당연히 해야 한다는 인식이 형성되었을 것이며, 그로 인해 마음 어느 부분에는 공부에 대한 열정도 있었을 것이다.

우리는 그 열정을 기억해야 한다. 초등학교부터 중학교,

고등학교를 거쳐 대학교에 진학하게 되고 대학교에서도 공부라는 것을 할 테니 말이다. 여섯 살 때부터 공부를 시작한다고 가정하면 고등학교까지 14년간의 공부를 하고, 대학교까지 진학한다면 우리는 인생에서 가장 중요하다고 판단되는 예쁜 시기에 모든 것을 투자하여 공부를 하는 것이다. 이렇게 우리는 어릴 때부터 항상 공부에 노출되어왔고 공부를 당연시해야 하는 것으로 생각하며, 이러한 '공부'에 대한 결과물이 '근로소득'이라고 정의하고 있다.

공부를 열심히 한 사람은 그만큼 더 높은 근로소득을 받을 수 있고 공부를 덜 한 사람은 그에 상응하는 근로소득을 받게 된다. 이때 공부라는 것은 학교 수업만이 아닌 열정을 갖고 몰두한 예체능이나 운동 등을 포함한 모든 것을 의미한다. 그래서 우리는 14년의 대가를, 그리고 일반적으로 인생의 전부인 20년의 대가를 근로소득으로 정의할 수 있다.

근로소득 이외에도 다른 소득이 존재하는지 알아볼 필요가 있다. 근로소득 외의 소득인 자본소득에 대해 쉽게 정의하면, 자신이 소유한 재산을 이용하여 얻는 소득이다. 이자 소득이나 임대 소득과 같이 타인에게 돈을 빌려주거나 자산을 대여해주고 받는 소득 등이 포함되며, 이는 소유한 재산을 타인이 사용하는 대가로 받은 '순수입'이라고 정의할 수도 있다. 이러한 자본소득은 근로소득보다 항상 앞서있다.

즉 이 말은 과거부터 현재까지 근로소득으로는 자본소득을 따라잡을 수 없었으며 자산을 증대시키기 위해서는 자본소득에 더 집중해야 한다는 뜻이기도 하다. 근로소득이 300만 원이든 500만 원이든 이는 자본소득을 향하는 발판에 불과하며, 근로소득의 가치는 자본소득의 가치보다 현저히 작다는 것인데, 이는 근로소득을 무시하는 것이 아니라 자본소득의 중요성을 강조하는 것이다.

그렇다면 우리는 무엇을 해야 할까? 우리는 20년 동안 당연히 해야 한다고 인식해온 공부를 해왔으며, 이는 지금까지 인생의 절반 혹은 대부분을 차지했을 것이다. 이제는 근로소득도 중요하지만 자본소득이 더욱 중요하다는 사실을 인지하여 자본소득을 위해 더 열심히 공부해야 한다는 것을 깨달아야 한다. 이는 지금껏 20년 동안 당연하게 해왔던 공부 이상의 중요한 공부를 시작해야 한다는 것을 의미하기도 한다.

어릴 때부터 줄곧 공부를 해온 것은 어쩔 수 없이 해야만 하는 경우도 있었을 것이며, 또한 당연히 해야만 하는 경우도 있었을 것이다. 자본소득을 공부하는 것도 이와 같은 사고방식을 가지고, 당연한 일이라고 생각하며 해야 한다. 비록 어쩔 수 없이

해야 하는 일이라고 인식하더라도 당연한 일로 받아들이는 것이 중요하다. 인식하더라도 당연한 일

근로소득과 자본소득을 구별하는 가장 중요한 장벽을 넘은 후에 해야 할 것은 바로 '월급'을 정의하는 것이다. 월급은 근로소득의 연속이라고 볼 수 있으며 월급을 정의하면 결국 공부를 계속 해온 것에 대한 보상이다. 그러나 월급이라는 보상을 받게 되면 그 틀에 갇혀 월급의 덫에 빠지게 된다. 이게 의미하는 바는 무엇일까? 월급은 결국 숫자로 나타나는데 이는 다른 사람과 비교하게 되는 경향이 있다. 이는 만약 어떤 이의 월급 액수를 알고 있다면 대략적으로 그 사람의 과거를 평가할 수 있다는 것이다. 이로 인해 그 사람에 대한 인식이 생기며 평가와 인식의 변화가 일어난다. 이것이 월급의 위험성이다. 월급은 자신을 타인과 비교하며 자기 자신을 평가하는 함정이 되어버린다.

월급은 비교하는 힘을 가지고 있다. 만약 본인이 월급으로 300만 원을 받는데 주변 사람들은 500만 원씩 받는다면 그 누구라도 자신을 상대적으로 불만족스럽게 느낄 수 있으며 심하면 자기 자신을 자책할 수도 있다. 이러한 상황에서 자신의 삶에 만

족할 수 있을까?

반대로 본인이 월급으로 300만 원을 받는데 주변 사람들은 200만 원씩 받는다면 본인은 자신을 상대적으로 칭찬하고 만족할 수 있으며 자신의 삶 자체에도 만족감을 느낄 수 있다. 대부분 사람들은 이러한 월급의 함정에 빠지게 된다.

** 월급 **

내가 하고 싶은 말은, 월급을 평가해서는 안 되고 조금 더 큰 시야를 가져야 한다는 것이다. 월급은 300만 원을 받든 500만 원을 받든, 그저 근로소득의 한 형태에 불과하다는 시각이 필요하다. 300만 원을 받는 사람보다 500만 원을 받는 사람이 상대적으로 풍족하며 삶의 질이 높을 수 있다고는 하지만, 이는 상대적인 차이일 뿐이다. 중요한 것은 어느 쪽이 더 빨리 깨달음을 얻어 근로소득에서 자본소득으로 나아가느냐는 것이다.

만족할 만한 월급을 받는다면, 혼자나 둘이서 즐겁게 살아갈 수 있다. 그러나 그런 가치에 만족한다 해도 집을 갖지 못하거나, 또는 집을 전세나 매매로 얻는다 해도 돈에 대한 압박으로 돈을 계속 생각하게 될 것이다. 또한 자녀를 키운다면 돈에 대한 압박은 더욱 커진다. 따라서 월급이라는 개념을 다시 정의

해야 한다. 월급의 덫에 걸린 채 자신을 평가하지 말아야 한다. 300만 원이든 500만 원이든 자신을 그 가치에 가둬서는 안 된다. 당신이 그 가치보다 더 뛰어나다는 것을 알아야 하며 그 가치보다 뛰어나기 위해 열심히 공부를 해야 한다. 누구나 월급의 가치보다 더 높은 가치를 가지고 있음을 알아야 한다.

'나는 못 해, 나는 그냥 여기서 만족하면서 살고 싶어'라고 생각할 수도 있다. 그러나 현재에는 300만 원이든 500만 원이든 그 가치에도 만족하며 잘 살 수 있을지라도 인간은 간사하기 때문에 나이가 들수록 돈에 대한 생각을 하지 않을 수 없다. 20대의 돈에 대한 가치관이 30대가 되면서 변하듯이 말이다. 쉽게 말해, 월급에 안주하지 말고 시야를 넓혀야 한다. 월급에 인생 대부분의 시간을 소비하지 않도록 해야 한다. 직장에 모든 인생을 걸지 않도록 해야 한다. 월급이 전부가 아니라는 것을 알아야 한다. 월급에 자신을 가둬서 자신이나 타인을 평가해서는 안 된다. 월급에 자신을 비교하여 자신감을 떨어뜨리지 않아야 한다.

돈의 가치를 알고 세상이 어떻게 돌아가는지 알아야 한다. 이는 본인이 얼마를
버는 지에 대한 것보다 중요하며 본인의 가치를 넓혀야 함을 의미하기도 한다.

chapter 03

필연적 편협

우리가 당연시 여겼던 것들

———

우리는 양과 음의 조화를 이루는, 임금이 있으면 신하가 있으며 양반이 있으면 노비가 있는, 남자가 있으면 여자가 있는 유교와 성리학의 이분법적 세계관에 익숙해져 있는지도 모른다. 우리는 극단적으로 치우쳐 생각하지만 말고 중간 어딘가에 있는 시선으로도 세상을 바라볼 줄 알아야 한다.

한스 로슬링의 책 '팩트풀니스'에 따르면 국가는 4단계로 나눌 수 있다. 1단계 국가는 물을 긷는 데 한 시간이 걸리며 전기 공급은 되지 않고 하루 소득이 2,000원을 넘지 않는 국가를 말하는데, 경제적 극빈층이 여기에 속한다. 2단계 국가는 자전거를 구입할 수 있으며 하루 소득은 5,000원이 넘지 않고 전기는 간헐적으로 들어오는 나라를 가리킨다. 3단계 국가는 오토바이를 구입할 수 있고 수도 시설이 있으며 전기가 완전히 들어오는 나라를 뜻한다. 마지막으로 4단계 국가는 자동차를 구입할 수 있고 해외여행이 가능하며 하루 소득이 35,000원 이상인 나라로 분류된다. 모든 국가가 이렇듯 4단계로 나뉘어진다고 설명하고 있다.

각 단계별로 생활 수준은 다른데 왜 사람들은 모든 국가를 선진국과 후진국으로만 나눌까? 4단계 사람들에게 있어 나머지 국가는 그저 후진국으로만 보인다는 것이다.

높은 건물 꼭대기에서 아래를 내려다 볼 때는 자그마한 건물들의 차이를 식별하기 어렵다. 마찬가지로 4단계 사람들이 세상이 부자와 가난한 사람의 두 부류로 나뉜다고 생각하는 것도 무리가 아니다. 우리는 별다른 생각 없이 항상 그런 이분법적인 구분을 하기 때문이다.

브라질의 경우 국민 상위 10%가 전체 소득의 40% 이상을 차지하고 있는 국가이다. 이걸 문자 그대로 해석하면 무슨 생각을 하게 될까? 브라질은 빈부격차가 심하며 불평등하다고 생각할 것이다. 하지만 브라질 소득별 인구분포를 4단계로 나누어 살펴보면 중산층이 탄탄한 표준편차 모형을 보여주는데, 이는 많은 사람들이 중산층에 속해 있다는 것을 의미한다. 즉 사람들은 양극단만 보기 때문에 브라질을 왜곡해서 인식하게 된다는 것이다.

　　왜곡 현상은 주로 언론에서 행해지며 언론은 주목받기 위해 강렬하고 충격적인 이야기를 제시하고 사람들의 감정적인 반응과 공포 본능을 자극하여 주목을 끌려고 한다. 그렇기 때문에 실제 상황과 다르게 사실을 왜곡하는 경우가 있을 수 있다.

　　강렬한 뉴스와 이면의 진실 사이에는 차이가 있을 수 있으며, 사람들은 자신의 공포 본능에 따라 세계를 왜곡하여 바라보기도 하며 이러한 왜곡은 현실적이고 균형 있는 인식을 형성하는 데 방해가 된다. 따라서 다수의 사람들이 어디에 있는지를 깨우치고, 사실은 간극이 존재한다고 생각하는 곳에 인구 대다수가 존재한다는 사실을 아는 것이 중요하다. 또한 주요 뉴스 이면의 진실을 들여다보고 공포 본능이 세계를 왜곡하는 것에 어떻게 체계적으로 기여하는지 인식하여 현실적이고 합리적인 판단을 할 수 있도록 노력해야 한다.

　　또 하나의 예시로 기후변화 문제와 환경문제에 대한 이산화탄소 배출량을 세계 경제 포럼에서 다룬 적이 있다. 유럽 국가들이 주로 참석하는 세계 경제 포럼에서 유럽 국가들이 이산화탄소 배출의 책임을 중국과 인도에 떠넘기는 일이 발생했는데 이는 인도와 중국의 현재 이산화탄소 배출량이 많았기 때문에 벌어진 일이다.

언론은 이 상황에 대해 어떤 기사를 냈을까? 아마 대부분 "이산화탄소 배출 책임은 인도와 중국에 있다."라는 자극적인 기사가 냈을 것이고 따라서 우리는 인도와 중국을 좋지 않게 볼 수 있을 것이다.

인도는 이러한 주장에 대해 두 가지 반론을 제기했다. 첫 번째는 지난 100년간 이산화탄소를 가장 많이 배출한 것은 유럽 국가라는 것이다. 두 번째는 이산화탄소 배출을 인구비례로 나누어 계산하라는 것이다. 이산화탄소 배출의 총량만 비교하는 것은 중국 14억 명의 몸무게를 다 더하고 미국 3억 명의 몸무게를 다 더해놓고 중국의 비만도가 미국보다 높다고 말하는 것과 같다는 논리였다.

뉴스에 수치 달랑 하나만 등장한다면 항상 머릿속으로 생각을 하는 습관을 길러야 한다. '그 수가 1년 전에는 어땠을까? 10년 전에는? 1인당으로 환산하면 얼마일까?' 등 여러 가지를 비교한 뒤 그것이 정말 중요한 수인지를 판단해야 한다.

또 우리가 심하게 착각하고 있는 게 있는데 그것은 운명 본능이라고 불리는 것이다. 타고난 특성이 사람, 국가, 종교, 문화의 운명을 결정한다는 착각이다. 이런 잘못된 본능은 주변에서 일어나는 사회의 모든 혁신과 변화를 보지 못하게 만든다.

　　미국과 이란의 출생률을 예로 들면 어느 국가의 출산율이 높을까? 우리는 이란이 미국보다 출생률이 높을 것이라고 생각한다. 이란은 국가 단계가 높아지고 있는 중이라 교육 수준이 높아지고 성교육 의무화가 시작되고 있다. 또한 세계 최대 피임 기구 공장이 이란에 있다. 그렇기에 결과적으로 미국이 이란보다 출산율이 높다. 출산율은 종교와 국가 발전 정도에 따라 결정되는 것이 아니라는 것이다.

　　사소하고 느린 변화라도 쌓이면 큰 변화가 된다는 사실을 기억해야 한다. 우리는 더딘 변화도 변화라는 사실을 잊어서는 안 된다.

　　"내가 인도를 갔다 왔는데 인도는 이래서 성장 가능성이 없을 거 같아.", "내가 이슬람 생활권에서 근무를 몇십 년 했는데 거긴 그래서 안 돼."라는 편협에 빠져서는 안된다는 것이다.

사소하고 느린 변화라도 쌓이면 큰 변화가 된다는 사실을 기억해야 한다.
우리는 더딘 변화도 변화라는 사실을 잊어서는 안 된다.

소수가 바라보는 세상

———

　우리는 음악을 들을 때 재생은 오른쪽으로 하며 빨리 감기도 오른쪽으로 한다. 그러나 되감기는 왼쪽 방향이다. 이렇게 우리는 생활 속에서 왼쪽과 오른쪽에 자연스럽게 특정 의미를 부여하고 있다.

　다른 예시로 게임을 들어보면, 우리가 자주 즐겼던 슈퍼마리오나 소닉, 메탈슬러그 같은 게임도 왼쪽에서 오른쪽으로 게임 방향이 진행된다. 이것은 오른쪽의 속성이 부여되어 있는 것과 같다. 시계도 생각해보면 오른쪽, 즉 시계방향으로 돌아가며 심지어 우리가 읽는 글이나 책도 모두 왼쪽부터 오른쪽으로 읽어나간다.

　이러한 현상은 대부분의 사람들이 오른손잡이라는 사실 때문일 것이다. 식사나 글쓰기, 도구 사용 등 대부분의 일에서 오른손이 우선되며, 우리가 사는 세상은 주로 사용하는 오른쪽이 정방향이 되어 있는 세상이다.

그렇다면 사람은 왜 오른쪽이 다수인 세상에서 살고 있을까? 지구상 인류의 대다수는 오른손잡이이며 현재에도 이런 경향이 변하지 않았으며, 시대, 장소, 인종, 성별 등과는 관련이 없다. 전 세계적으로 오른손잡이와 왼손잡이의 비율은 대략 9대1로, 전체 인구 중 왼손잡이는 약 10% 정도이며, 한국이나 일본같은 국가에서는 조금 적어 2~5% 정도를 차지하고 있다.

왼손잡이가 가장 많은 나라는 네덜란드로 13.2%에 달한다. 오른손잡이가 많은 현상은 인류에게 있어 척추동물에게는 매우 특이한 현상에 속한다. 오른손잡이로 편중된 동물은 인간을 제외하면 고릴라나 침팬지와 같이 우리와 가까운 유인원, 그리고 인간만큼 똑똑하다고 알려진 돌고래들 정도 밖에는 존재하지 않다는 것이다.

실제로 선사시대부터 고대 인류가 남긴 유물들 대부분은 오른손잡이용이며, 이빨 화석을 보아도 고기를 오른손으로 잡고 뜯은 흔적이 남아 있는 것으로 추정된다. 오스트랄로피테쿠스가 출현한 것은 약 500만 년 전이며 현생인류가 출현한 것은 약 20만 년 전이므로, 이는 우리가 호모 사피엔스로 분화하기 전부터 이미 왼손을 잘 안 썼다는 뜻이다. 그렇다면 왜 인간과 유인원, 돌고래들 같은 고등동물만이 이런 이상한 특징을 가지고 있을까? 추측으론 대뇌의 좌뇌와 우뇌의 비대칭 때문이라는 설이 유력하다고 보고 있다.

우리 몸의 오른쪽은 주로 좌뇌의 영향을 많이 받고, 왼쪽은 우뇌의 영향을 많이 받는다. 이 둘은 담당하는 사고 영역이 다르다. 좌뇌는 대체로 공간에 대한 지각이나 계산적 판단, 언어 능력, 사회성 등을 담당하고, 우뇌는 시각적 이미지, 감정, 직관적인 판단을 담당한다. 그러나 인류를 만물의 영장이라는 자리에 올려놓은 근본적인 능력들은 협동심과 논리적 사고, 언어의 사용과 같은 좌뇌의 기능에 편중되어 있다. 따라서 오른쪽만 주로 사용하다 보니 좌뇌가 발달한 건지, 좌뇌가 발달해서 오른쪽만 쓰게 된 것인지는 알 수 없지만 인류는 대체적으로 좌뇌의 덕을 보면서 생존했다.

우리는 밥그릇이 왼쪽, 국그릇이 가운데, 수저가 오른쪽에 놓여있다. 서양에서는 접시가 가운데, 왼쪽에 포크, 오른쪽에 나이프와 스푼으로 밥을 먹을 때부터 오른손잡이가 기준이 된다. 그러나 밥 먹는 것과 같이 중요한 일인 글쓰기에서는 식탁과 달리 글을 쓰는 방향이 각각의 문명권마다 다르게 적용되기도 한다.

얼핏 보면 오른손잡이 기준으로 왼쪽에서 오른쪽으로 쓰는 방식이 여러모로 편해 보이지만, 사실 아랍어나 히브리어와 같이 오른쪽에서 왼쪽으로 쓰는 문자가 여전히 존재하며, 동아시아의 문자들도 전통적으로는 세로 방향으로 쓰며 왼쪽 방향으로 줄을 바꾼다. 그러나 이 모든 방식들이 알고 보면 오른손잡이에게 편리하게 되어 있다는 것이다. 지구상 대부분 알파벳들의 공통 조상인 페니키아 문자는 왼쪽에 정을, 오른쪽에 망치를 들고 석판에 새겼는데, 그렇다 보니 오른쪽에서 왼쪽으로 쓰는 게 편했고 이 전통을 이어받은 히브리 문자나 아랍 문자가 현재에도 이 방향을 유지하고 있는 것이다.

반면 그리스인들은 페니키아 문자를 받아들인 후 '손'에 '잉크'가 묻어서 대거 수정하고 쓰는 방향도 반대로 바꿔버렸으며 이로 인해 후손들도 로마나 키릴 문자를 왼쪽에서 오른쪽으로 쓰는 전통을 갖게 되었다. 한편 동아시아 문자들의 '본' 한자는 원래 죽간이라는 긴 나무 막대기에 적었는데 이 막대기들을 끈으로 엮어 돌돌 말아서 보관하면서 '책'이라고 불리게 된다. 그리고 글을 쓸 때는 이렇게 돌돌 말린 책을 조금씩 풀어가며 썼는데 그러다 보니 세로로 적고 줄을 왼쪽으로 바꾸는 게 정석이 돼버렸다.

차도의 통행 방향 같은 경우도 글 쓰는 방향과 마찬가지로 통일이 되지 않았다. 어떤 나라는 우측통행에 좌측 운전석, 어떤 나라는 좌측통행에 우측 운전석이지만 이런 것들도 오른손잡이를 기준으로 하는 나름의 이유가 다 존재한다. 산업혁명의 선두국가였던 영국의 경우 자동차가 등장하기 이전의 마차 시절부터 좌측통행이 확고하게 자리 잡혀 있었고 마부는 오른쪽에 타는 게 정석이었다. 이는 채찍을 휘두를 때 옆자리나 뒷자리의 손님 그리고 보행자들을 보호할 수 있었기 때문이다.

자동차 시대까지 오면서도 좌측통행 우측 운전석의 전통이 이어져 내려왔고 지금도 영국의 영향을 받은 나라들 상당수가 좌측통행을 유지하고 있다. 그러나 대다수 나라와 세계의 과반수는 우측통행 좌측 운전석의 규칙을 따르고 있으며 이는 1900년 초에 세계 자동차 업계를 선도한 독일과 미국의 자동차 회사들이 운전석을 왼쪽에 배치하기 시작하여 도로 통행 방향도 거기에 맞게 정립됐기 때문이다. 변속기와 기어 레버가 가운데 위치하면 오른손잡이를 기준으로 했을 때 운전석이 왼쪽에 있는 게 편하다는 이유 때문이었다. 이렇듯 오른손잡이들에 의한 오른손잡이를 위한 오른손잡이의 세상 속에서 인류의 약 10%를 차지하는 왼손잡이들은 엄청난 차별을 받아 왔다.

지구상 거의 모든 언어에서 왼쪽은 나쁜 뜻, 오른쪽은 좋은 뜻으로 쓰이는 게 하나의 증거이다. 우리말로도 오른쪽은 '옳다', 왼쪽은 '외다'에서 유래되었다. '외다'는 '피하다'라는 뜻을 포함하고 있다. 이렇듯 왼손잡이는 실제적인 사회적 취급에서도 당연히 좋은 대우를 받지 못하였다. 요즘 시대는 많이 달라졌다고들 하지만 불과 몇십 년 전까지만 해도 왼손잡이에 대한 차별이 전 세계적으로 만연했던 것은 사실이다.

고대 그리스나 주나라 시대에도 이미 어린 시절부터 오른손 쓰는 걸 가르쳐야 된다고 강조하였고, 이후에 등장하는 힌두교나 이슬람교에서는 볼일 볼 때와 같은 불결한 일을 할 때는 왼손을 사용하며, 밥을 먹는 때 등은 오른손을 사용하는 것으로 아예 손 사용의 용도를 나눠버리기까지 한다.

유럽이나 몽골처럼 전쟁이 일상이었던 곳에서는 왼손이 배신과 불행을 상징하기도 하였는데 다들 오른손에 무기를 들고 다니니까 누구를 만났을 때 오른손을 비우고 악수하는 것만으로도 "이 사람이 나를 죽일 마음이 없구나."라고 안심할 수가 있었다. 왼손잡이를 만나면 오른손으로 악수하는 도중에 왼손으로 공격당할 수도 있었기 때문에 왼손잡이를 상대한다는 것 자체가 리스크였으며 이러한 리스크 덕분에 왼손잡이들은 수천 년 동안의 차별에도 불구하고 끈질기게 살아남을 수 있었다. 또한

남들에게 맞춰 줄 필요가 없는 영역, 즉 전쟁과 같은 상황에서
왼손잡이는 갑이 되기도 했다.

중세 유럽의 성들을 보면 탑을 오르는 계단이 보통 나선형
으로 되어 있는데 이게 십중팔구는 시계방향으로 돌아 올라가도
록 되어 있었다. 이런 방식으로 되어 있어야 방어에 유리했는데
그 이유는 아래쪽에서 올라가는 공격 측은 탑의 기둥에 오른손
이 박혀서 불편하지만 위쪽에 있는 수비 측이 아래쪽을 공격할
때는 막히는 게 없어서 자유롭기 때문이었다.

하지만 왼손잡이인 경우 계단을 올라가면서도 상대적으로
자유롭게 손을 휘두를 수 있다. 이처럼 오른손잡이 기준으로 세
워놓은 모든 전략들은 왼손잡이 앞에서는 무용지물이 되었다.
그렇기에 전쟁이나 싸움을 할 때만큼은 왼손잡이가 우대를 받
을 수 있었던 것이다. 공성전뿐만 아니라 1:1 대결이나 우발적인
충돌에서도 왼손잡이가 유리한데 왼손잡이들은 평생동안 세상
의 90%를 차지하는 오른손잡이들을 보면서 기술을 연마하고
전투 연습을 하지만 오른손잡이들은 왼손잡이들에 대한 대응책
을 준비하기가 힘들었다. 이렇듯 실제로 폭력에 많이 노출되는
사회일수록 왼손잡이의 비율이 높다는 연구 결과도 존재하며 중
세 시대에 전투로 유명했던 '커클랜'이라는 가문은 왼손잡이 가
문으로 유명했다. '앤드류 커'가 선천적으로 왼손잡이로 태어나

게 됐는데 왼손잡이가 전투에서 유용하다는 것을 깨닫고 그의 아들들과 휘하 기사들을 왼손잡이로 훈련시켜 실제로 이들은 전투 현장에서 오른손잡이 기사들을 당황하게 만들었다. 당시 왼손잡이 기사의 가격은 오른손잡이 기사보다 두 배 정도 비쌌다.

평화롭기로 유명한 부르키나 파소의 줄라족들은 왼손잡이 비율이 겨우 3.4%였던 반면, 잔혹하기로 유명한 베네수엘라 정글의 야노마미족들은 왼손잡이 비율이 무려 22.6%가 되며 인류 평균의 두 배를 상회하는 수치를 보여주고 있다.

심지어 오늘날의 결투라고 볼 수 있는 스포츠에서도 같은 현상이 일어나고 있다. 사회에서 왼손잡이 비율이 가장 높은 분야는 바로 스포츠계이다. 실제로 야구판에서는 "좌완 파이어볼러는 지옥에서라도 데리고 온다."라는 말이 있으며 야구뿐 아니라 펜싱, 탁구, 테니스처럼 대결적인 요소가 있는 모든 스포츠에서는 왼손잡이가 유리해 일상 영역에서와는 달리 스포츠에서는 왼손잡이가 오히려 귀족 같은 대우를 받고 있다. 이처럼 오른손이 협력과 공동체의 손이라면 왼손은 경쟁과 개성의 손이 된다.

경쟁 속에 살고 있는 이 시대는 언제나 다수보다는 소수에게 기회의 확률이 많았다. 즉, 우리는 소수가 되자는 말이다. 소수의 가치는 무궁무진하다.

세상은 오로지 내 중심으로 움직인다

———

돈은 사람의 삶과 밀접한 관련이 있다고 할 수 있다. 돈을 정의하면 사고팔고의 원리로 이루어져 어떤 것의 가치를 매길 때는 결국은 사람의 심리가 적용하는데 '사고 싶다'라는 욕구가 가격을 높일 수도 있다. 공급은 한정적인데 수요가 증가하면 가격은 상승하는 것이 일반적이다. 이에 따라 가격이 올라가면 사람들은 '보통은 예쁘다고 생각하지 않을 것'도 예쁘다고 생각하게 되기도 하는데, 이를 뇌이징이라고 표현하기도 한다. 이와 같이 모든 것은 사람과 관련이 있다. 따라서 '돈'을 다루는 것은 곧 사람을 상대하는 것이다.

누군가에게 주목받거나 사랑받기 위해서는 결국 '관심'을 가져야 하는데, 사실 관심만 갖는다고 해서 모든 것이 이루어지는 것은 아니다. '표현'을 통해 나타내야 한다. 즉 돈에 대한 관심만 있는지, 아니면 표현을 해내는지의 차이가 '돈도 나를 따라

오거나 믿음을 줄 수 있는지'를 알려주는 지표가 된다. 쉽게 얻은 돈은 쉽게 잃고, 어렵게 얻은 돈은 사람을 알아본다는 말이 괜히 있는 것이 아니다. 돈도 결국 '인격체'로 존중받아야 한다는 생각이 필요하다. 따라서 돈을 대할 때에도 사람과 동등하게 대우해야 하는데, 이는 결국은 '자신'과 밀접한 관련이 있다는 것을 의미한다.

자신감을 갖고 있는 사람은 어떤 일이든 해낼 수 있다. 일단 하다 보면 잘하게 된다. 근자감(근거 없는 자신감)이라도 있어야 한다. 남자가 여성을 매혹할 때에도 관심을 보여야 한다. 상대가 자신을 좋아하든 싫어하든 상대방에게 주목을 받을 수 있도록 노력해야 한다. 그래야 상대가 한 번이라도 쳐다본다. 내가 하고 싶은 말은 결국 모든 것에서 가장 중요한 것은 '자신감'과 '자존감'이라는 것이다. 돈을 알기 위해서, 돈에 관심을 갖기 위해서, 돈에 관심을 받기 위해서는 자신감과 자존감을 가지는 것이 핵심이다.

** 누구나 스며들어 있다 **

인도의 경우, 힌두교를 별도의 종교로 분류할 수 있을까? 그렇다면 우리나라의 유교는 종교로 간주할 수 있을까? 우리는 어릴 때부터 자연스럽게 예절을 배우며 어른에게 존댓말을 사용하고, 직장에서는 상하 관계를 따른다. 그러나 이런 것은 유교를 따르는 의미라기보다는 그냥 우리에게 '스며들어' 있는 것일 뿐이다.

흔히 누군가가 예쁜 말을 사용하면 그 사람을 향해 예의 바른 사람이라고 생각한다. 그러나 이것을 정의하는 기준은 무엇일까? '예쁜 말을 사용한다'는 표현에서 '예쁘다'라는 단어는 과연 무슨 의미를 가지고 있을까? 예의 바른 사람에게서 예의는 어떠한 특징을 가지고 있을가? 이것은 우리나라 말고 다른 나라 사람들도 이해할 수 있는 것인가? 우리는 이를 이해할 수 있지만, 다른 나라 사람들은 이해하기 어려울 수도 있다, 즉, 우리는 무언가에 스며들어있다. 힌두교도 마찬가지 아닐까. 단지 유교에는 숭배할 대상이 명시적으로 표현되어 있지 않을 뿐이다. 힌두교와 관련된 카스트제도도 마찬가지다. 태어났을 때 특정 위치에 있었고, 그 자리에서 단지 스며들며 살아가는 것이다.

** 민주주의의 약점 **

우리는 모두 어떤 사회에 속해 있으며 자연스럽게 그 사회의 가치관과 문화에 스며들어 살아가고 있다. 이는 우리나라뿐만 아니라 다른 나라도 마찬가지며 유교, 힌두교, 기독교, 유대교, 이슬람교 등과 같은 종교들도 동일한 원리가 적용된다.

인도의 경우, 카스트 제도는 이미 몇천 년 동안 존재하여 사회 전반에 스며들었다. 개혁 운동이 발생하면서 약자 계층에서 많은 반발도 있기도 했다. 이러한 변화 끝에 인도는 민주주의를 채택했지만, 1947년에 폐지된 카스트 제도는 결코 사라지지 않았으며 앞으로도 쉽게 사라지지 않을 것이다. 이러한 상황에서 인도가 보이지 않는 계급을 뛰어넘기 위해 선택한 방법은 '공부'라고 할 수 있다.

우리나라도 아직은 공부를 통해 보이지 않는 계급을 넘어서는 것이 가능한 것처럼 말이다.

우리나라와 비교해보면 교육으로 학군이 생기며 이는 부의 근원과 연결되어 있기에 이러한 공부 역시 부를 이미 가지고 있는 사람들이 계급을 유지하는 데 유리하게 작용하고 있다. 인도도 비슷한 상황으로 카스트제도를 넘어서기 위한 유일한 방법은 공부뿐이며, 공부를 위해서는 사교육과 돈이 필요하다. 그렇기 때문에 인도는 우리나라보다 더욱 극단적인 상황에 처해있다. 상위 계급은 카스트제도를 유지하기 위해 목숨을 걸고, 하위 계급은 상위 계급으로 승격하기 위해 목숨을 건다. 이것이 현실이다.

이렇게 인간은 세상에서 가장 간사하고 어리석은 동물임을 깨닫게 되는 내용이 나오게 된다. 어려움을 겪고 높은 계급으로 들어가거나 그 계급에 있는 사람이 되면 드는 생각은 한 가지다.

'민주주의가 정말 좋은가? 이렇게 고생해서 계급을 넘어섰는데 왜 아래의 사람들과 똑같은 취급을 받아야 하지? 그들은 이렇게 고생하지 않았잖아? 아파트에서 나오면 밖은 흙길이고 아스팔트도 없고 사람들은 지저분하게 다니고 있는데 왜 내가 그들과 같은 투표 권리를 가지고 있어야 하지? 내가 뭔가를 해야 하는데 왜 그들과 투표 권리가 같아서 정책도 모르는 그들을 따라야 하지? 그들이 뭘 안다고 투표권을 가지고 무엇을 할 수 있지?'

이렇게 서로가 평등한 상태에서도 평등하지 않음이 강조되는 '민주주의의 약점'이 탄생하게 된다.

인도는 아쉽게도 힌두 국수주의가 지배적이게 되며 기득권 계층 속에서 카스트제도는 보이는 계급의 경계가 되어버린다. 가난(물질적, 정신적)과 어려움을 극복하려면 최소한 한 세대는 희생을 해야 한다. 그러나 그 세대는 우리 자신이 아닌 다른 이들이 되기를 바란다. 나는 희생하고 싶어 하지 않는다. 이러한 일은 인도뿐만 아니라 대부분의 국가에서 발생하고 있다.

우리나라라고 다를까? 결국 모두가 같은 세상에서 살고 있지 않나? 우리는 그저 땅이 작았고 페티 클라크 법칙에 따라 상대적으로 빈부격차가 적게 형성되었을 뿐이다. 부의 권력은 대부분 치중되어 있고, 결국 있는 사람들이 독점하고 있다.

** 세상은 자신을 중심으로 돌아간다 **

결국 세상은 자신을 중심으로 돌아간다. 어떤 계급에 속하고 있더라도 그 집단의 이익을 따르게 되고, '나는 그렇게 안 해야지'하는 마음을 먹는다고 해도 할 수밖에 없는 환경이 만들어질 수밖에 없다는 것이다.

이러한 사례를 보여주는 것이 '마하트마 간디는 과연 위인인가?'에 대한 질문이다. 그는 인도를 건국한 인물로서 필연적으로 중요한 역할을 한 것은 의심할 여지가 없다. 간디는 어려운 사람들을 도우며 그를 따르는 사람들이 많아져 정치적인 활동을 하면서 국제적으로도 영향력 갖추게 되었다. 따라서 간디는 분명히 위인으로 인정받을 만한 인물이다.

암베드카르라는 인물도 있다. 그는 불가촉천민의 해방자로 알려진 인물이며 간디와 네루는 영국의 식민지 체제에 반대하고 영국을 싫어했지만 암베드카르는 불가촉천민 출신으로 카스트제도와 힌두교에 대한 반감이 더 컸다. 둘 다 인도의 번영을 위해 노력했지만 본질적인 관점에서는 차이가 있었다. 간디는 영국에 반감을 품은 사람이었지만, 암베르카르는 불가촉천민의 해방과 카스트제도의 폐지를 추구한 사람이었다.

간디가 불가촉천민의 투표권 찬성에 침묵을 한 이유는 결국 영국이 카스트제도와 힌두교를 폐지하려고 했기 때문에 그에 대한 반감이 더해져 묵살된 것이다. 반면 암베르카디는 카스트제도의 해방과 함께 불가촉천민에게도 투표권을 달라고 한다. 그러나 간디는 힌두교를 전통적인 인도의 사상으로 여겼고 영국에 대한 반감을 더해 불가촉천민의 투표권을 반대한다.

결국 세상은 자기중심적으로 돌아간다. 이는 어떤 위대한 인물이더라도 마찬가지다. 자기중심적으로 돌아가는 세상에서 가장 중요한 것은 결국 자신의 본질이지 않을까?

브힘라오 암베드카르(Bhimrao Ramji Ambedkar)
1891년 4월 14일 ~ 1956년 12월 6일

인도의 독립운동가 겸 정치인, 교육자, 인권 운동가이다. 인도 건국 헌법 제정을 주관
했으며, 불가촉천민 출신으로 인도 참여인권운동의 선구자, 인도불교의 부흥자, 정치
인, 대학교수, 영국 변호사다. 인도의 불가촉천민(달리트)들의 권익을 위해서 불가촉
천민 식수권 운동, 불가촉천민 분리선거 운동, 집단 불교 개종운동을 이끌었다. 그는
인도 독립보다 신분제도 폐지와 인권을 우선시켜야 한다고 주장하여, 카스트제를 유
지하고 분리선거를 인정하지 않은 국민회의의 마하트마 간디와 많은 충돌을 빚었다.
지금도 인도 곳곳에는 그의 동상이 세워져 있다.

출처 : 위키백과

전쟁을 하는 이유는 무엇인가

누군가에게 동기부여가 될 수 있을 것으로 생각하여 작성한 글이다. 직역하는 것보다는 조금 다른 관점으로 생각을 전환하여 읽었으면 한다. 사람의 생각은 한 곳에 고착되어서는 안 된다. 여러 가지 방향으로 생각을 해야 한다. 따라서 다른 생각을 조금씩 해볼 필요가 있고 이런 생각에는 가치가 생기게 된다. 페이크 뉴스가 판을 치고 있는 요즘, 진짜 뉴스와 구별하기 힘든 정보의 과열 시대에서 페이크 뉴스를 구별할 수 있는 능력을 가지고 있다면, 생각의 과열 속에서 가치 있는 생각을 구별할 수 있는 능력 또한 가질 수 있을 것이다.

전쟁을 하는 이유는 여러 가지가 있지만 궁극적으로 살기 어려워서이다. 각자가 원만하게 산다면 전쟁은 일어나지 않는다. 잘 살고 있는데 욕심을 부려 전쟁을 하는 시대는 앞으로 없다는 것이다. 결국은 전쟁이 일어나지 않으려면 모두가 잘 사는 방법밖에 없다. 상호 협력을 통해 번영을 추구할 때 효과가 발생할 수 있으며 한 사람이 잘 산다면 다른 사람도 잘살 수 있다. 즉 낙수효과가 일어날 수 있는 것이다.

전쟁의 첫 번째 이유는 간단하다. 약탈을 하기 위해서다. 다른 국가나 집단의 재화를 빼앗기 위한 욕구가 전쟁을 유발하는 주요 요인이었다. 대부분의 전쟁은 이러한 목적을 가지고 일어났으며, 과거에도 대부분 상대방의 이익을 약탈하기 위해 전쟁이 발생했다. 하지만 잘살고 있는 상태에서는 이러한 종류의 전쟁은 발생하지 않는다.

전쟁의 두 번째 이유는 내부에 있다. 소비를 위해서다. 즉 이것도 자신을 부양하기 위해, 살아가기 어려울 때 전쟁을 일으키는 것이다. 세상은 수요와 공급에 따라 움직이기 때문에 인플레이션의 선순환 경제에서 가장 기본적인 것은 소비다. 소비가 활성화되어야 회사가 번영하고 고용이 증가하며 이는 다시 소비를 증가시킨다. 이러한 순환을 위해서는 소비가 필수적이기 때문에 전쟁은 이러한 소비를 강제로 유발할 수 있는 도구가 된다. 군수품 생산이 필요하고 전쟁을 위해 인력이 필요하기 때문에 이러한 수요는 국가가 충당한다. 이렇게 전쟁을 일으키면 소비가 자연스럽게 증가하고 경제를 활성화할 수 있다. 대표적인 예로 제2차 세계대전을 들 수 있다.

전쟁의 세 번째 이유는 책임을 회피하기 위해서다. 즉 이것도 잘 살지 못하기 때문이며 자신의 잘못을 인정하기 어려울 때 전쟁이 발생한다. 책임져야 하기 때문이다. 책임을 지는 사람이 있다면 그 문제는 해결될 수 있지만, 잘 살지 못하게 된다면 그 책임은 누구에게 돌아갈까? 이러한 이유로 전쟁을 선택하게 된다. 책임을 다른 사람이나 국가에게로 돌리기 위함이다.

❖ 약탈 ❖

우리는 유교적 사상이 스며있기 때문에 '착하다'라는 개념에 대해 인지하고 있을 것이다. 그것이 진정한 착함인지는 확실하지 않을 수 있다. 그러나 착함은 다수의 통일된 의견을 통해 구별할 수 있을 것이다. 그러면서 우리는 약탈이 나쁘다는 것도 알고 있다. 과거에는 약탈이 당연시되던 시대였지만 현재는 그런 시대가 아니기 때문이다. 그렇기 때문에 약탈은 착한 것이 아니다. 약탈은 희생을 동반하므로 인권적인 관점에서도 문제가 되는 부분이다. 전쟁을 통해 약탈이 이루어진다면 안 되는 것임은 분명히 인식하며 약탈은 나쁘다는 인식을 갖고 있을 것이다. 전쟁을 방지하기 위해서는 우리 모두 잘 살아야 한다. 그러면 전쟁의 첫 번째 이유는 사라진다.

** 소비 **

잘 살려면 어떻게 해야 할까? '소비'가 활성화되어야 한다. 혼자만이 아닌 모두가 이런 생각을 갖고 소비를 해야 한다. 이런 생각을 모두가 공유해야 잘 살 수 있는데, 우리는 혼자만이 아니라 모두가 두루두루 잘 살아야 한다는 인식을 가져야 한다. 혼자 잘 살아야 되는 것이 아니다. 우리는 모두 잘 살고 싶으며 남들에게 좋은 모습을 보여주고 베풀고 싶은 욕망을 가지고 있다. 그러기 위해서는 결국은 잘 살아야 한다는 것이다.

중국이 미국의 유일한 경쟁 상대로 인정되는 이유 중 하나는 중국의 선부론이라는 정책 때문이다. 이 정책은 '일단 나부터'라는 원칙을 가지고 먼저 나부터 크게 키우고, 그 후에 큰 사람들이 다른 사람들에게 베푼다. 이런 정책을 통해 낙수효과를 얻어 모두가 성장할 수 있었다.

결국은 자신부터 잘 살아야 한다는 마음가짐이 중요하다. 자신이 잘 살아야 다른 사람들도 자신의 영향을 받을 수 있는 것이다. 그러나 만약 자신이 잘 살고 싶지만 잘 사는 방법을 모르는 경우에는 낙수효과를 받을 수 있는 사람의 주변에 있어야 한다. 혼자서만 잘 산다고 해서 혼자 잘 살 수 있는 것이 아니다. 다른 사람들과 함께 어울리며 성장해야 한다.

◦◦ 책임 ◦◦

전쟁이 발생하는 이유는 책임을 질 사람이 없어서 타인을 비난하고 도피하기 위해서다. 이는 어떤 면에서는 가장 비겁한 행동 중 하나이다. 자신이 잘못했음에도 불구하고 남을 탓하는 행위에는 비겁함이 숨어있다는 것을 인식해야 한다. 우리는 누구나 남을 탓하고 싶어 하지 않지만 상황과 처지가 우리로 하여금 남을 탓하게 만들어 버리는 경우가 있다.

결국 이러한 상황을 피하기 위해서는 우리 자신이 잘 살아야 하며 책임을 질 수 있어야 한다. 우리가 잘 살면 남을 탓할 필요가 없고 책임도 질 수 있게 된다. 우리는 자신이 책임을 질 수 있는 상황을 만들어야 한다. 이는 잘 살아야만 가능한 일이며 우리는 잘살면서 책임을 질 수 있도록 노력해야 한다.

◦◦ 그렇다면 잘 산다는 것은 ◦◦

전쟁을 하는 이유는 결국 잘 살기 위해서이다. '잘 산다'라는 개념은 무엇을 뜻하는 것일까? 어떻게 사는 것이 잘 사는 것에 해당할까? 사람마다 이상향과 가치는 너무나 다르다. 그렇지만 큰 틀에서 세상을 바라본다면 우리는 이러한 질문을 통해 세상의 의미를 찾을 수 있지 않을까?

우주 속에서 지구를 본다면 전쟁은 각 개인의 싸움이거나 사소한 의견 차이가 될 수도 있을 것이다. 결국 모두가 잘 살고자 하는 노력으로 인해 사소한 감정싸움이나 대립이 발생하기도 한다는 것이다.

✹ 전쟁을 안 하는 방법 ✹

감정도 결국은 에너지이다. 좋다, 싫다는 감정 표현 자체도 에너지를 소비하는 것이며 그것 자체가 관심을 갖고 있다는 것을 의미한다. 싫어하는 것도 관심의 일환이며 좋아하는 것도 관심이다. 싸움이 발생하는 것도 감정이 있기 때문이다. 감정이 없다면 싸울 이유도 없을 것이다. 따라서 싸우기 싫다면 관심을 가지지 않으면 된다.

이러한 에너지를 다른 곳에 사용하면 더 좋은 시너지를 얻을 수 있다. 그러나 국가 대 국가, 지역 대 지역으로 볼 때는 모든 것이 서로 연관되어 있어 문제를 해결하기 어려운 경우가 많다. 그러나 개인 대 개인으로 볼 때는 국가 대 국가, 지역 대 지역으로 볼 때보다 비교적 문제를 해결하기 쉽다. 개인 대 개인이 잘 살려고 했는데 문제가 해결되지 않고 감정싸움이 되는 상황이라면 그것을 놓아주고 생각을 멈추면 된다. 싫어하는 감정도 감정이므로 그 감정을 덜 느끼는 방법을 선택할 수 있다. 이는 개인의 의지로도 가능한 일이다.

그래도 문제를 해결하고 싶고 대화를 통해 해결 가능한 상황이라면 대화를 시도하면 된다. 그러나 그런 상황이 아니거나 그런 상황을 만들고 싶지 않다면 그 개인을 지우면 된다. 그렇게 하면 전쟁은 일어나지 않을 것이다. 싫은 사람에게 에너지를 낭비할 필요는 없다. 우리는 사람들과 함께 살아가는 사회적 동물이기에 사람은 중요하지만 때론 중요하지 않은 사람을 구별할 필요도 있다. 우리는 인간관계에 집착해 많은 시간을 소비하는 경향이 있다.

** 자기계발 **

개인과 개인의 의견 차이가 계속되면 결국은 쇄국정책이 발생할 수 있다. 청나라와 우리나라의 역사에서도 쇄국정책은 좋은 정책이 아니었다. 중국이 좋은 지리적 위치와 큰 영토, 인구를 갖고 있음에도 불구하고 패권국이 되지 못한 이유 중 하나가 바로 이 쇄국정책 때문이다. 따라서 쇄국정책은 지속되어서는 안 되고 만약 지속된다면 필요한 것은 결국 '뛰어남'이다.

이는 복합적인 요소이다. 이를 선부론이라고 표현하는 것인데, 가장 큰 사람에게 작은 혜택이라도 받아야 한다는 의미다. 만약 그러한 혜택을 받지 못한다면 자신이 큰 사람이 되어야 한다. 이것은 결국 자기개발과 자기계발을 의미하게 된다. 중국은 패권국은 아니었지만 쇄국정책을 했음에도 현재 중국에게 혜택을 받고 있는 우리나라와 같은 국가들이 존재한다. 결국 '뛰어남'이 필요하며 이는 자기계발을 통해 실현될 수밖에 없다.

결국 잘 살고자 하는 욕망 속에는 다양한 방법이 존재하며 자신이 잘 살면 나누어서 타인도 잘 살게 해야 함을 의미한다. 다른 사람이 잘 살면 모두가 함께 잘 살 수 있고 다른 사람이 잘 살면 나도 잘 살 수 있다. 전쟁을 통해 국가 간의 관계가 좋아지지 않는다면 결국은 내가 뛰어나야 하며 뛰어나지 않더라도 다방면으로 잘 지내면 혜택을 얻을 수 있다. 이는 결국 자신이 잘 살아야 하고 다른 사람도 잘 살아야 한다는 사실을 이해해야 한다.

네가 알고 있는 것이 진짜야?

———

나의 행복은 머릿속에 있는 잡다한 생각을 그냥 글로 표현하면서 플로우를 경험하는 것이다. 현재로서는 플로우, 즉 몰입이 행복이라고 생각하고 있고 이 몰입은 내가 어떤 활동을 할 때 일어난다. 무언가를 하는 동안 시간이 너무 빠르게 흘러가는 것을 느끼며 "벌써 시간이 이렇게 흘렀나?" 하며 플로우를 경험하는 이것이 현재의 나에게 행복을 주고 있다.

중학교 때부터 고등학교 때까지 도서부를 통해 많은 권장 도서를 읽었지만 기억에 남는 특별한 책은 그리 많지 않다. 하지만 이러한 경험들이 현재의 독서 습관을 형성하는 데 영향을 주었기에 지금도 책을 읽으려고 노력하고 있다.

인간은 삶을 살아가면서 일반적인 지식을 가지는 제너럴리스트와 특정 분야에 깊은 지식을 가지는 스페셜리스트로 나눌 수 있다. 그리고 이러한 결정적인 본질을 깨닫고 나서부터는 계획적이고 체계적인 노력이 중요하다는 것도 알게 될 것이다. 독서를 통해 이러한 습관을 형성하고 반복성을 강화할 수 있으며 독서는 어휘력, 문장 이해력, 글쓰기 능력 등을 향상하는 데 도움을 줄 수 있다. 이는 현대 사회에서 소수가 되는 데 유용한 장점이 될 수 있다는 것이다.

독서의 가장 큰 장점은 다양한 간접 및 직접 경험을 할 수 있다는 것이고 이는 단순히 어디에 가는 것을 경험하는 이차원적인 개념이 아니라 한 권의 책으로 타인의 삶을 경험할 수 있다고 이해해야 하는 것이다.

예를 들어 가수들이나 연예인들의 콘서트 티켓 가격이 15만 원이라고 할 때, 그것을 단순히 비싸다고만 생각하지 않고, 해당 가수나 연예인의 평생의 인생을 경험하는 것이라고 인식해야 한다. 가수나 연예인들은 평생을 스페셜리스트로서의 지위를 유지하기 위해 노력하고 있기 때문에 그 인생의 가치가 15만 원이면 오히려 저렴한 것으로 볼 수 있다. 이것에 비추어 생각해보면, 책은 비교적 저렴한 가격에 구입할 수 있다는 것이 유일무이한 장점이다.

나는 경험주의자로서 경험이 가치가 있다고 생각하며 살아왔고, 아는 만큼 보인다는 원칙을 믿으며 살아왔다. 따라서 그만큼 더 보이는 것에 뿌듯함을 느끼기도 했다. 중세사에서부터 패권이 시작된 유럽의 대부분을 여행하며 체험했기 때문에 그럴만하지 않았나 싶기도 하다. 그러나 요즘은 아는 만큼 보이는 것이 항상 옳은 것인지 의문이 드는 경우도 생긴다. 아는 것이 독이 될 수도 있다는 생각이 문득 들기도 한다. 매트릭스라는 영화에서 나오는 빨간 약과 파란 약이 그 예시인데 빨간 약을 먹은 사람은 현실로 돌아오게 되고 파란 약을 먹은 사람은 환상에 안주하게 된다.

세상은 '돈'이라는 경제적 흐름과 부딪히게 될 수밖에 없다고 생각한다. 그래서 빨간 약을 먹을수록 빨리 현실로 돌아와서 좋다고 생각했지만, 세상은 그보다 더 무섭고 리버럴리스트들이 기득권을 만들며 잔인한 일도 발생한다. 이런 상황에서는 파란 약도 필요한 법이다.

❧ 네가 알고 있는 것이 진짜야? ❧

살면서 알게 되는 것 중 하나는 우리가 알고 있는 것이 정말인지 의문을 가지게 될 때가 있다는 것이다. 우리가 알고 있는 것은 우리가 가진 고정된 관념과 편협한 사고방식에 의해 형성되는 것일 수 있다는 것을 의미한다.

예를 들어, 지동설과 천동설이라는 개념을 비교하였을 때, 과학적으로는 지동설이 맞지만, 과학적인 접근만이 정답이 아니라는 것을 인식해야 한다. 우리는 감정으로 살아가는 인간들이며 이러한 삶 속에서 과학적인 근거가 모든 것을 설명할 수 있는지에 대한 의문을 제기할 필요가 있다. 과거 시대에 천동설을 믿었던 이유는 분명히 존재하였으며 종교적인 성향이 강했을 가능성도 있다. 그 삶 속에 녹아있고 스며있는 것들이 과연 거짓이라고 할 수 있을까.

다른 예시로 공산주의와 민주주의가 있다. 우리는 민주주의를 지향하면서 자유주의를 추구하는 삶을 살아가고 있지만 어떤 나라는 공산주의와 사회주의 이념에 따라 살아가고 있다.

일반적으로 공산주의는 나쁘고 민주주의는 좋다고 생각하는 경우가 많을 것이다. 그러나 이 또한 절대적인 정답은 존재하지 않는다. 신생국가가 나타났을 때에는 절대적인 지도자의 지배가 필요했을 것이며, 현재는 그러하지 않아도 되어서 민주주의가 강조되고 있는 것뿐이다. 우리나라도 이전에는 공산주의적인 성향이 있었고 영국이나 미국도 마찬가지였다. 그저 현재는 그렇지 않을 뿐이다. "참 어렵다. 정답이 없는 세상에서 정답을 찾아가면서 살고 있는 게 말이야."

　나는 본질을 정말 중요하게 생각하고 '왜? 왜? 왜?'에 대해 이것저것 파고드는 것에 흥미를 많이 느끼는 편이라 우리나라의 근현대사의 본질은 무엇이며 왜 이렇게 되었는지를 생각해본다. 나는 본디 정치에 관심을 많이 두고 있지는 않지만, 지금까지 우리나라는 소국이었기 때문에 정치에 관심을 가져야 하는 것으로 보인다. 이는 어쩔 수 없는 사실이다.

　우리나라는 중국과 인접하여 중국의 영향을 받았고, 현대에도 여전히 그러하며 미국과 일본과도 상호작용을 하고 있다. 이때 우리나라가 할 수 있는 것은 균형을 유지하는 것뿐인데, 지금까지 잘 버텨왔다고 생각한다. 우리나라가 이렇게 성장했으니 말이다. 어느 대통령이 잘했고, 못했는지를 판단하기는 섣부를 수 있지만, 나는 농지개혁이 우리나라를 만드는 데 가장 큰 역할을 한 것으로 생각하고 있으며 경제 개발과 산업 발전 역시 성공적이었다고 생각한다.

　과거의 과정에서 악법, 악습, 부패가 존재했을지 모르지만 과거는 종종 미화되곤 하니까.

　우리나라가 농지개혁을 이루지 못했다면 인도와 유사한 상황으로 제조업의 발전이 더딜 수 있었고, 그로 인해 빠른 경제성장도 어려웠을 것이다.

** 산업혁명으로 가는 첫 단추를 적시에 잘 끼워준 것 **

우리나라의 경제 개발과 산업 발전은 우리나라의 급격한 성장을 이루게 했으며, 이로 인해 우리나라는 국제적으로 주목받는 성과를 얻게 되었다. 급격한 성장은 우리나라가 소국이었음에도 불구하고 전 세계적으로 순위권에 오를 수 있게 했고 현재까지도 좋은 결과를 가져다주고 있다. 그러나 이러한 상황에서도 '두 마리의 토끼를 다 잡을 수 없다'라는 큰 깨달음을 얻을 수 있다. 모든 것은 상호작용과 반사작용이 있기 마련이다.

** 빠른 경제 성장 **

빠른 경제 성장을 했다는 어느 기업의 광고를 보면서 '아직도 이런 방식으로 광고를 하는 것이 적절한가'라는 의문이 들었다. 빠른 성장은 일련의 연속적인 능동적 행동의 결과로 이어지지만, 빠른 속도로 진행되는 것은 부작용이 발생할 수 있다는 것도 생각해야 한다. 이와 관련하여 '페티 클라크 법칙'이라는 단어가 떠오르는데, 이 법칙은 농업부터 제조업, 1차 산업, 2차 산업, 3차 산업, 4차 산업의 순으로 순차적인 변화가 일어나는 법칙을 의미한다. 이 법칙을 어길 경우 어떤 결과가 발생할지는 아직 다 알 수 없지만 예를 들어 인도는 농지개혁을 제대로 이루지 못하고 제조업을 발전시키며 바로 3차 산업으로 넘어갔다.

인도는 미국과 12시간의 시차가 난다는 지리적 이유와 미국의 3차 산업 발전 속도가 더해져 비교적 인건비가 저렴한 인도에 아웃소싱을 맡긴다는 이유, 이 두 가지로 인해 IT 강국으로 알려져 있다. 이는 미국 기업의 CEO 중 인도인이 많은 이유이기도 하다. 그러나 이 과정에서 여성들의 일자리가 감소하고 빈부격차가 심화되었으며, 여성의 역할은 본질만 남아 출생률은 증가하고 있다. 이 경우와 다르게 한국은 페티 클라크의 법칙을 어기지는 않았으나 너무 빠르게 이행하여 독이 되고 있다.

빠른 산업화로 인해 여성의 역할은 증가하고, 이는 남성의 역할을 위협하게 되었다. 이러한 상황에서 페미니즘이라는 개념이 유행하여 남녀 간의 적대감이 심해지고 있으며 출생률도 낮아지고 있다.

** 모든 것은 급하지 않게 천천히 **

출산율이 감소하고 있는 상황에서 코로나가 발생한 것은 우리나라와 일본에게 도움이 될 수 있을 것이다. 코로나로 인한 경제 침체는 독이 될 수 있지만 독이 있다면 약도 있는 것처럼 인간이 살아가는 과정에서 코로나도 도움이 될 수 있다는 말이다.

출산율 감소로 인해 현시점에서는 코로나로 인한 감정 부각이 일어나고 있는데, 특히 자가 격리와 소통 부족으로 인한 외로움은 더욱 부각되고 있다. 이로 인해 개인주의가 더욱 심화되고 있으며 그 결과 가족이라는 존재의 중요성이 더욱 강조되고 있다. 현실의 개인주의 속에서 가족 중심주의는 빛을 발하게 될 것이다.

그러나 출산율이 올라가지 않는다면 정답은 많지 않을 것이다. 출산율을 높이기 위해서는 다양한 정책과 사회적 지원이 필요하며, 개인과 가족의 가치를 중요시하는 사회 분위기를 조성해야 한다.

살면서 가장 중요한 투자는 무엇인가

———

재테크 책이나 유튜브 같은 SNS에서 알려주는 "지금 뭐가 좋으니 뭐 사는 게 좋아요.", 또는 "이 주식은 언제 파는 게 좋아요."와 같은 이야기를 하고 싶은 것이 아니다. 이런 것들은 준비가 되어 있지 않은 사람에게는 중요한 것이 아니기 때문이다.

그렇다면 중요한 것은 무엇일까? 매년 진행하는 워렌버핏의 버크셔 해서웨이 주주총회에서 어린 소녀가 "주식 종목 추천해 주세요."라고 질문한 적이 있었다. 이 질문은 사람들이 주식시장에서 항상 궁금해하는 주제였다. 그렇다면 워렌버핏은 이 질문에 뭐라고 대답했을까?

워렌버핏은 특정한 종목에 대한 추천보다 더 중요한 가치에 대해 강조하면서 "학생이라는 신분에서의 최선은 어떤 일을 특출나게 잘하는 것이다."라고 대답했다. 즉 학생이 한 분야의 최고가 된다면 뭐가 됐든 사람들은 학생에게 막대한 돈을 지불할 것이고 혹은 그들이 생산하는 것이 무엇이든 학생이 제공할 수 있는 서비스와 맞교환하려고 할 것이라는 의미이다.

따라서 우리는 결국 최고의 투자는 스스로의 성장이라는 것을 알려주는 워렌버핏의 말을 기억해야 한다. 그리고 워렌버핏의 말에는 많은 것들이 함축되어있는데 그 중 가장 중요한 것은 '경험'이라는 것이다. 부모님들이 주식이나 부동산을 사라고 조언하지 않고 공부를 권유했던 이유는 지식과 학습을 통해 스스로의 능력과 지혜를 키워나가는 것이 주식이나 부동산을 사는 것보다 중요하다는 것을 경험적으로 깨달았기 때문이다.

즉 물고기를 잡아주는 것보다 물고기를 잡는 법을 알려주는 것이 훨씬 더 가치가 있고 중요하다는 의미이며 따라서 우리는 스스로의 성장과 지식을 중요하게 생각하고 경험을 통해 배우며 성장하는 데 노력을 기울여야 한다.

매 순간 우리는 삶을 살아가며 다양한 형태의 투자를 경험하고 있다. 이는 무슨 뜻일까? 투자란 미래에 더 큰 가치나 이익을 얻기 위해 현재의 자원, 시간, 노력을 일부 포기하는 행위를 말하는데 이러한 투자는 현재의 자원, 시간, 노력을 일부 포기해야 하는 위험 요소가 따르게 된다. 따라서 어떤 일을 할 때든 투자자본과 위험요소, 투자회수자본이 존재한다면 무엇이든 투자라고 할 수 있는 것이다.

그렇다면 투자의 본질은 투자자본, 위험요소, 그리고 투자회수자본 세 가지 측면에 있다고 할 수 있으며 투자를 실패하는 이유 또한 이 세 가지를 잘못 분석하였거나 평가하였기 때문인 경우가 많다. 즉 적은 이익을 얻기 위해 투자자본을 많이 투자했을 수도 있고, 위험요소를 무시했을 수도 있고, 적은 투자자본으로 큰 투자회수자본을 얻으려고 했을 수도 있는 것이다.

그렇다면 투자를 잘하려면 어떻게 해야 할까? 우리는 투자자본과 위험요소, 투자회수자본을 오로지 돈으로만 생각하는 경향이 있으며 돈을 왜 버는지 모른 채 투자를 하고 있기 때문에 이런 것들을 분석해야 한다.

그렇기 때문에 우리는 투자자본을 돈으로만 생각하면 안 된다. 투자자본에는 돈뿐만 아니라 시간, 건강, 기회비용 등 다양한 자원도 포함해야 된다. 학교를 다니면서 공부를 하는 것도 시간과 노력이 들어가는 투자의 한 형태이며 이러한 투자는 미래에 더 큰 가치나 이익을 얻기 위한 것이고 공부를 통해 발전된 능력과 지식은 투자회수자본으로 이어지게 된다.

예를 들어, 수학을 공부하면 결과 도출의 반복에 따른 머슬메모리 효과와 연산 능력이 향상되고, 영어를 공부하면 외국어 실력이 발전하며, 언어를 공부하면 문해력과 이해력이 향상된다. 이런 지식과 능력은 향후 미래에 우리의 성공과 성장에 큰 도움을 줄 수 있기 때문에 공부라는 것은 투자자본 대비 큰 손해가 없고 오히려 큰 이익을 얻을 수 있는 투자 중 하나다.

여행도 투자의 한 형태로 볼 수 있다. 여행에 사용되는 비용과 시간은 투자자본이 되며, 추억은 투자회수자본으로 돌아온다. 특히 여행은 새로운 경험과 기억을 만들어내는데 이는 투자회수자본으로써 미래에 큰 가치로 돌아올 수 있지만 여행은 어느 정도의 위험을 동반하기 때문에 위험요소를 포함하고 있다. 이처럼 우리가 살아가면서 내리는 모든 결정은 투자행위에 속하게 된다.

우리가 투자를 잘하기 위해서는 자본을 단순히 돈으로만 생각하는 것이 아니라, 객관적인 시선으로 상황을 판단하고 투자자본, 위험요소, 투자회수자본을 고려해야 한다. 특히 시간은 소중한 자원 중 하나이며 시간을 효과적으로 활용하는 것 또한 투자의 한 부분임을 명심하고 어떤 결정이든 투자로서의 측면을 고려하여 더 나은 결과를 얻을 수 있도록 노력해야 한다. 그리고 중요한 것은 돈을 왜 버는지를 까먹는 것이다. 돈을 버는 것은 중요하지만 오로지 돈만을 추구하며 투자하는 것은 전체적인 삶의 균형을 어긋나게 할 수 있다. 부모님이 자녀를 낳고 키우는 이유는 무엇일까? 많게는 몇억씩 투자하고 시간까지 할애하면서 자녀에게 투자를 하는 이유는 무엇일까? 돈이라는 가치와 시간이라는 가치보다 자녀를 키우며 얻게 되는 재미와 키우면서 얻게 되는 행복이 더 크기 때문이다,

하지만 우리는 돈을 벌려고 건강도 잃고 때론 재미와 행복마저 잃기도 한다. 이런 것이 바로 주객전도 아니겠는가.

이렇게 투자에서 가장 중요한 것은 인생의 균형감이며 돈, 건강, 행복, 시간, 인간관계, 가족 간에 적절한 균형감을 갖고 있어야 한다. 하나의 영역만 추구하거나 희생하면 다른 영역들에 영향을 미쳐 실패의 원인이 될 수 있으며 특히 나이를 먹을수록 이러한 균형을 맞추기 어려워진다. 그래서 인생이 어려운 것이 아닐까?

우리는 투자를 할 때 돈뿐만 아니라 자신의 가치, 행복, 건강, 시간, 가족과의 관계 등을 고려하여 상황을 판단하고 투자를 해야 한다. 올바른 상황 판단과 가치 판단을 통해 인생의 균형을 유지하며 진정한 의미 있는 삶을 살아가도록 노력해야 한다.

재테크가 어려운 이유는 무엇인가

———

세상은 끊임없이 변화하고 각자의 선택과 행동은 미래에 어떤 영향을 미칠지 예측하기 어렵기 때문에 우리는 항상 정답을 찾기 위해 고민하고 노력한다. 또한 이런 인생 속에서 재테크와 투자도 병행해야 하기에 사는 것은 쉽지 않다.

재테크와 투자는 돈을 옳은 방향으로 이끌어 미래의 안정과 성장을 이루기 위한 노력이지만 불확실한 경제 상황과 다양한 위험 요소들로 인해 올바른 선택을 내리기가 쉽지 않다. 투자에는 항상 위험이 따르며 실수를 범할 수도 있기 때문이다.

그럼에도 불구하고 사람들은 재테크를 쉽게 생각하며 약간의 공부와 시간을 투자한다면 어느 정도의 성과를 얻을 수 있다고 믿고 있다. 특히 과거 호황이었던 시기에서는 주식시장이 빠르게 상승하였기에 누구나 이익을 쉽게 얻을 수 있다고 믿었다.

그러나 현실은 항상 변하고 투자의 결과도 예측하기 어렵다. 주식시장은 하락하였고 어려움과 고통의 시기가 도래하기도 했다.

시장이 상승하고 있을 때는 긍정적인 분위기에 휩싸여 많은 사람들이 수익을 내며 자신의 실력을 믿게 된다. 이런 상황에서는 자신의 선택과 의견을 강하게 믿고 있기 때문에 하락장에 대한 경계심이 낮아진다. 하지만 막상 하락장이 찾아오게 되면 낙관적인 분위기는 사라지고 많은 사람들이 불안과 두려움에 휩싸이게 된다. 때로는 말이 쉽게 달라지기도 하며 이전에는 확신에 찼던 자신들의 의견과 선택에 대한 불안감을 느끼기도 한다.

생각으로는 무엇이든 가능하다고 느끼지만 실제로는 그렇지 못하다는 것이다. 또한 이렇게 고통의 시간이 오면 많은 사람들은 쉽게 포기한다. 실패와 어려움을 견디지 못하고 시간을 들이는 노력을 하지 않는다. 포기하지 않고 꾸준히 노력하여 배움에 전념하면 성장과 발전을 할 수 있는데 말이다.

재테크나 투자는 견고한 본질과 지속적인 노력이 필요한 분야이기 때문에 성공적인 재테크를 위해서는 상승장에 반짝이는 것이 아니라 어려운 시기에도 노력하고 배워야 한다. 실패를 극복하는 인내심과 노력이야말로 본질적으로 성장할 수 있고 지속적으로 발전할 수 있게 하는 재료가 된다. 그렇기 때문에 실패를 극복하는 데 필요한 자기 관리와 인내심을 기르는 것은 중요하고 항상 배움과 성장을 추구하는 태도로 반복적인 실패에도 포기하지 않고 노력해 앞으로 나아가야 한다.

주변의 시선과 자책에 견뎌내야 하며 인내와 노력이 필요한 외로운 과정이 있음을 알아야 한다. 투자는 조급하면 안 되며 기다릴 줄 알아야 한다. 가벼운 성공에 미혹되거나 실패를 얕보아서도 안 된다.

투자에는 불확실성이 동반된다. 그렇기 때문에 기다림과 인내를 배우고 차분하고 신중한 결정이 필요하다. 특히 저축이나 연말정산을 별것 아닌 것으로 생각하고 주식 투자를 먼저 하는 것은 우선순위가 잘못된 선택이기에 재테크의 기틀을 잡으려면 저축이나 연말정산이 1순위가 되어야 한다.

❋ 저축과 연말정산 ❋

저축은 습관과 소비패턴을 파악하고 기록하는 것이 중요하다. 자신의 재정 상태와 소비 습관을 파악함으로써 어떤 지출이 불필요한지, 또한 어떤 부분이 절약 가능한지 파악할 수 있다. 또한 자신의 장단점과 가치를 분명하게 알고 자기 자신의 본질을 이해하면 소비와 저축에도 큰 도움이 된다.

소비를 통해 스트레스를 푸는 사람들이 간혹 있는데 자신이 좋아하는 운동을 즐기거나 명상과 같은 정신적인 휴식을 취하는 것이 스트레스를 풀고 행복감을 높이는 데 도움이 될 수 있다. 스스로 좋아하는 것을 찾아 취미로 즐겼으면 좋겠는데 대부분의 사람들은 자신이 무엇을 좋아하는지조차 모른다.

연말정산에 있어서 주택청약공제는 무주택 세대주에게는 중요한 세액공제 항목이다. 주택청약공제는 주택청약으로만 생각하지만 실제로는 세액공제를 40%나 해주기 때문에 상당한 혜택을 받을 수 있다. 무주택 세대주라면 대부분 최대 240만 원까지 공제(24.01.01부터 최대 300만원 공제로 변경)를 받을 수 있기에 96만 원이 공제(24.01.01부터 최대 120만원 공제로 변경)가 되는 것이다. 연수익 40%는 대단한 수치 아닌가? 또한 5년 이상 가입했다면 해지를 하더라도 받은 세액공제를 돌려주지 않아도 된다.

개인연금과 IRP(개인형 IRP)도 세액공제에 있어서 중요하다. 개인연금만으로는 최대 600만 원까지, IRP까지 합쳐서는 최대 900만 원까지 세액공제를 받을 수 있는데 이는 연봉에 따라 12~15%의 세액공제가 가능하기에 12% 이상의 수익이 발생하는 샘이다.

　　개인연금과 IRP는 개별 주식은 매수할 수 없지만 국내에 상장된 ETF(상장지수펀드)는 매수할 수 있다. ETF는 주식보다 안전하며 예전보다 그 종류가 다양해져 선택의 폭이 넓어지고 있으며, 개인연금은 미국에서 운영하는 연금제도 401K를 모티브로 하여 ETF를 구매하면 해당 ETF에 속해 있는 주식을 구매하는 방식이기 때문에 주가를 올리고 증시를 지지하여 나라의 지수를 올려주는 효과도 줄 수 있다. 또한 많은 사람들이 개인연금을 하게 되면 해지를 하지 않는 한 매수매도원리에서 매도가 드물기 때문에 주가를 지탱해주는 역할을 하기도 한다. 이런 점들을 감안하여 나라에서 세액공제라는 혜택을 지원하고 있기에 세액 공제와 재무 계획을 효과적으로 활용하면 재테크를 더욱 효율적으로 할 수 있다.

　　또한 급한 상황이 발생해 중도해지를 하더라도 세액공제 받았던 금액을 돌려주면 된다. 중요한 점은 물가상승에 따라 돈의 가치는 점차 하락하고 있으며 우리가 살고 있는 시대는 물가상승이 번번하게 일어나고 있다는 것이다. 따라서 세액공제를 받았던 그 당시의 돈의 가치와 해지했을 때 돌려주는 돈의 가치를 비교해보면 해지를 했다고 손해가 아니라는 말이 된다.

　　그렇다면 재테크가 어려운 이유는 과연 무엇일까?

현재는 정보화시대로, 워렌버핏을 비롯한 다양한 투자자들의 투자 전략과 의사결정에 대한 정보에 쉽게 접근할 수 있으며 유튜브와 인터넷을 통해 다양한 투자 지식과 전문가의 조언으로 모범답안을 찾을 수 있다.

그럼에도 불구하고 많은 사람들은 재테크에 실패하거나 모범답안대로 실천하지 않는다. 실제 행동으로 옮기는 것은 어렵다는 것이다. 재테크와 투자는 지식만 가지고 충분하지 않으며 실제로 실행하고 따라하는 데에는 많은 과정과 자기 관리가 필요하다.

실제로 실행하기 위해서는 감정적인 요소들과의 싸움이 필요하고 금융 시장의 불확실성과 위험을 감수하면서도 믿음과 인내를 가지고 지켜나갈 수 있어야 한다. 또한 자신의 투자 목표와 리스크 관리를 잘 이해하고 그에 맞는 전략을 세우기도 해야 한다. 이런 실천과 인내는 어렵기 때문에 많은 사람들은 모범답안대로 투자를 실천하지 못한다.

인내는 쓰고 열매는 달다는 말이 있다. 인내의 시간이 지나면 결국 달고 큰 열매를 맺게 되는 법이다. 투자라는 것은 원래 지루하고 재미없고 오래 걸린다. 이러한 투자의 본질을 이해해야 한다.

하지만 우리는 투자를 지루하지 않고 재미있게 빨리하고 싶어 한다. 왜? 도박은 재밌거든.

주식이 하루 올랐다고 좋아하고 하루 내렸다고 슬퍼하는 자신을 통제해야 한다. 투자의 본질을 형성하지 못한 나 자신의 헛된 꿈과 상상을 경계해야 한다. 내 멋대로 상승장에서는 천국을 경험하고 하락장에서는 지옥을 경험하는 일희일비에 빠지면 안 된다.

시장의 원리도 이해하고 있어야 한다. 즉 인플레이션의 선순환을 이해해야 한다는 것이다. 물가상승(인플레이션)의 선순환이란 경제에서 물가 상승과 소비, 생산, 고용 등이 서로 긍정적으로 상호작용하여 긍정적인 효과를 만들어내는 것을 말하며 물가가 상승하면 소비자들은 앞으로 가격이 더 오를 것이라는 기대심리로 소비가 증가하게 되어 있다. 이로 인해 기업들은 더 많은 물품을 생산하고 판매하게 되며 생산을 증가시키기 위해 노동력을 증가시켜 고용도 증가하게 된다. 또한 노동자들이 월급을 받고 더 많이 소비를 하면서 소비와 생산이 계속해서 증가하게 된다.

이러한 긍정적인 효과들이 연결되면 경제는 물가상승(인플레이션) 선순환이 발생하게 되고 이는 경제 성장과 번영을 이끄는 중요한 요인으로 나타난다. 이렇게 우리가 살고 있는 시대는 물가 상승을 적정 수준으로 유지하는 것을 중요한 과제로 삼고 있으며 물가상승(인플레이션)을 적절하게 조절하는 것은 경제 안정과 성장을 유지하는 데 큰 영향을 미친다.

일반적으로 중앙은행은 물가상승(인플레이션)을 목표로 하고 있으며 대부분 선진국은 인플레이션을 2%정도로 유지하려고 노력하고 있다. 적정한 물가상승을 유지하는 것은 소비를 촉진하고 경제를 활성화하는 데 도움을 주기 때문에 물가 상승이 없거나 지나치게 낮으면 소비자들은 소비를 미루게 되어 경제 성장이 둔화된다.

또 지나치게 높은 인플레이션도 소비자들은 소비를 미루는 경향이 있기에 적정 수준의 물가상승을 유지하는 것은 중요하다. 중앙은행은 인플레이션을 적정 수준으로 조절하기 위해 통화정책을 시행하는데 2% 인플레이션을 목표로 대략 8% 통화량을 더 발행하게 된다. 인플레이션을 2% 유지하려면 2%의 통화량만 발행하는 것이 당연하지만 농업혁명 이후 인간은 미래를 생각하게 되어 저축의 중요성을 깨달아버렸다. 즉 중앙은행이 소비를 유도하기 위해 제공한 돈으로 소비를 줄이고 저축을 한다는 것이다. 이로 인해 물가상승을 유발하는 데 필요한 통화량보다 더 많은 통화량을 발행하게 된다. 소비자들은 돈을 오로지 저축하는 것뿐만 아니라 주식이나 부동산 등에도 투자를 하게 되었고 자연스럽게 화폐의 가치는 하락하게 되는 것이다.

이렇게 인플레이션의 선순환은 과거에서부터 지금까지 이어져 왔다. 화폐의 가치를 하락시키면서 말이다. 즉 국가에서는 어쩔 수 없이 통화량을 발행해야하며 화폐가치는 떨어질 수밖에 없다.

이것을 항상 마음속에 지니고 있어야 한다. 주식이든 부동산이든 하락장이 오더라도 오른다는 믿음이 있어야 하락장이 공포가 아니라 기회가 될 수 있는 것이다.

가난이 일상이 되고 대물림이 되는 이유

———

세상을 여행하거나 익숙하지 않은 곳을 방문하면 우리는 다양한 사회적, 경제적 상황을 직접 체험하고 관찰할 수 있다. 특히 선진국과 후진국의 차이를 비교하면서 가난이든 부든 왜 대물림이 될 수밖에 없는지를 더욱 명확하게 인식할 수 있으며 더불어 국가가 개인의 삶에 막대한 영향을 줄 수 있다는 것을 선명하게 보여주기도 한다.

공산주의를 행사하는 나라들은 개인의 삶에 대한 의미와 자유가 민주주의에 비해 제한되며 아직까지 내전중인 시리아의 경우도 국가 내부의 불안정함으로 개인들은 생존에 대한 불안을 안고 살아가고 있다. 이러한 나라들은 국가로부터 개인을 보호받지 못하고 있으며 개인은 국가를 탈출하고자 발버둥을 치거나 목숨을 잃기도 한다는 것이다.

또한 후진국들은 경제적 어려움으로 물가 급등과 인플레이션 등의 문제가 발생할 수 있으며 이로 인해 화폐의 가치는 하락하고 생활필수품조차 구하기 어려운 상황이 오기도 한다. 이런 상황이 계속되면 어떻게 될까? 개인은 목숨을 담보로 나라를 탈출하고자 시간을 허비하기도 하며 미래에 대한 희망조차 잃어버려 꿈이라는 것을 생각도 못하게 된다. 신호등을 파란불에 건너는 이유가 사라지게 되는 것과 같다. 남을 위한다는 생각 자체를 못하게 되고 자신을 보호하기 위해 항상 경계한다. 국가와 개인, 개인과 개인의 신뢰는 사라진지 오래가 된다.

선진국과 후진국의 차이를 체험하고 느끼게 되면 신호등을 파란불에 건널 수 있는 나라에 태어난 것을 축복으로 여기고 현재의 생활에 감사함을 느끼게 되지만 동시에 후진국들은 왜 후진국일 수밖에 없는지에 대해 생각하게 된다.

정답을 단정 짓기에는 다소 애매한 요소가 있지만. 재래드 다이아몬드의 '총균쇠'라는 책을 읽다보면 지리적 요소와 환경적 차이가 국가 간의 빈부격차에 영향을 미쳤다는 방향성을 제시하고 있다. "백인은 성공할 수 있고 왜 흑인은 그렇게 안 될까"라는 질문으로 책은 시작되는데 유럽인들이 원주민보다 기술이 발전한 이유는 농업혁명부터 환경적 요인이 차이가 나기 시작하였기 때문이라는 주장이 나온다. 위도(가로)가 같으면 기후와 식생활, 토양이 같다. 때문에 유럽의 경우 기후가 좋은 위도를 가졌고 가로로 긴 대륙이기 때문에 아프리카나 아메리카의 세로로 긴 대륙보다 발전이 빨랐다는 것이다. 즉 발전하기 위해 필요한 문물과 정보를 교환하기에 적합한 지리적 요건을 갖추어 가로의 대륙들에게 유리하게 적용되었다. 이러한 지리적 요인으로 인해 실크로드가 중요한 역할을 한 것이고 콘스탄티노플을 쟁탈하기 위해 안간힘을 썼던 것이다.

4대 문명이라고 불리는 메소포타미아, 이집트, 인더스, 황하 문명만 보아도 비슷한 위도에서 발생한 것을 알 수 있으며 유사한 위도에서 발생한 문명들은 비슷한 기후와 자연환경을 공유했을 가능성이 크다.

이러한 기후적 영향은 사람뿐만 아니라 가축에게도 영향을 미쳤으며, 유라시아 대륙에는 다양하고 많은 가축들이 탄생했다. 그렇기 때문에 균은 가축과 밀접하였고 가축은 사람들과 밀접했기에 사람들은 시대를 거치며 가축들과의 상호작용을 통해 면역력이 쌓이게 된다. 반면에 아프리카 대륙이나 아메리카 대륙은 유럽과 비슷한 기후적 조건이 아니었기에 유럽인들이 원주민과 접촉했을 때 면역력이 부족했으며 유럽이 세계를 지배하게 된 이유가 된다.

위도의 영향은 여기에서 멈추지 않았다. 유럽인들은 편서풍과 무역풍을 활용하여 대항해시대를 열었고 인접해있는 여러 유럽 국가들은 경쟁시대에 돌입하여 이 모든 것들이 시너지 효과를 일으키게 되었다.

이러한 지리결정론을 통해 해석하면 아쉽게도 선진국은 선진국이 되었고 후진국은 후진국으로 전락해버렸다는 결론이 난다. 이뿐만 아니라 대런 애쓰모글루 책 '국가는 왜 실패하는가'에서는 세계가 불평등한 이유를 설명하며 국가가 채택하는 제도가 빈부의 결정 요소하고 주장한다. 즉 정치 및 경제 제도의 상호작용이 한 나라의 빈부를 결정하며 포용적 제도가 선진국으로 가는 열쇠라고 주장한다. 포용적 제도는 사유재산을 보장하고 법치주의를 유지하며 직업선택의 자유를 보장하는 제도로써, 이러한 제도가 국가의 발전과 성장에 긍정적인 영향을 미친다는 것이다. 이와 대조되는 단어인 착취적 제도는 이러한 원칙을 따르지 않으며 개인의 권리를 제한하거나 이익을 착취하는 제도로써 국가의 빈부격차와 불평등을 증대시킨다는 것이다.

즉 포용적 제도는 개인의 자유와 선택을 중요시하는 제도이며 사유재산을 국가 성장의 원동력으로 삼는다는 것이다. 국가의 발전에 있어 좋은 국가가 좋은 개인을 만드는 것인지, 아니면 좋은 개인이 좋은 국가를 만드는지는 정확히 알 수 없지만 개인의 역량이 더 중요해지는 현대 시대에는 국가에 바라는 것보다는 내가 국가를 위해 무엇을 할 것인지를 생각하는 것이 현명한 접근일 것이다.

이러한 이유로 인해, 누군가가 가난한 것이 개인의 책임은 아니게 되지만 가난한 이들을 볼 때 걱정되고 안쓰러운 마음이 드는 것은 어쩔 수 없나 보다. 가난은 자존감을 낮추고 자유를 억압한다. 어떤 공부를 하고 어떤 배움을 익히더라도 가난보다 빠르게 깨우칠 수는 없다. 가난은 스스로가 세상과 교류하는 문을 닫게 만들기도 한다. 국가에 따라 빈곤의 강도가 다르다고 할지라도 본인이 느끼는 가난의 강도는 다르지 않을 것이다.

가난한 사람에게는 어떤 달콤한 말도 별 위로가 되지 않겠지만, 사실 가난은 마음가짐에 따라 달라진다는 것을 명심했으면 좋겠다. 스스로가 가난을 과도하게 해석하거나 자책하지 않도록 주의해야 한다. 가난은 마음이 만들어낸 괴로움에 불과하니 의미를 크게 부여해서는 안 되며 부여할 이유도 없다. 파키스탄이라는 나라를 보더라도 사람들이 전부 순수하고 행복하지 않은가? 그들이 부자이기 때문에 행복한가? 아니다. 우리는 감히 가난한 이와 부자를 멋대로 해석하여 결론지었다.

결국 마음가짐의 문제다. 자신의 본질을 깨우치고 스스로

마음을 다스리고 정립하는 자세가 중요하다.

우리가 살고 있는 세상에서 별 불편함만 없다면 부자는 크게 의미가 없는 것이다. 우리가 불편함을 느끼는 이유가 무엇일까? 돈 때문일까? 마음 때문은 아닐까? 즉 우리가 스스로 문제를 만들어내기 때문은 아닐까? 바로 옆의 친구나 직장동료가 잘나가면 스스로가 초라하게 생각되지는 않는가? 누군가와 비교하는 것이 가난이지 않을까? 또한 소유하고 싶은 욕심이 있기 때문에 가난해지는 것이 아닐까? 법정 스님의 무소유란 아무것도 갖지 않는 것이 아니라 불필요한 것을 갖지 않는다는 것이며 맑은 가난은 부보다 훨씬 값지고 고귀하다는 말씀을 명심해야 한다.

에리히 프롬의 책 '소유냐 존재냐'에서는 사람들이 살아가면서 추구하고자 하는 삶의 가치에는 두 가지가 있다고 한다. 하나는 소유하는 것이고 하나는 존재하는 것이라고 정의한다. 부나 명예, 권력을 소유하는 삶보다는 존재론적 삶의 의미를 강조하고 있으며 물질보다 정신의 가치가 더 크다는 것을 알려주고 있다. 즉 소유하는 삶보다 존재하는 삶을 추구하고자 노력해야 한다는 것이다.

to have, to do가 아닌 to be

chapter 04

우리가 사는 세상

우리는 어떤 세상에 살고 있는가

——

우리는 우물 안의 개구리라는 것을 명심해야 한다. 그렇기 때문에 이것도 맞는 것 같고 저것도 맞는 것 같고 어디로 가야 할지 길이 잘 안 보이면 쉽게 낙담해버리기도 한다.

그럴 때 우물을 빠져나오는 방법은 우물 안에 있는 개구리의 시야가 아닌 우물 밖에 있는 하늘의 시야로 바라보는 것이다. 축구 경기를 볼 때 '저기에 패스하면 딱 골인데'라는 생각이 들며 선수들이 자꾸 허둥대는 것 같이 느껴질 때가 있다. 이는 우물 밖 하늘의 시야로 바라보고 있는 것과 유사한 원리다. 실제로 축구를 하는 선수들은 땀이 차고 몸은 무겁고 상대방은 계속해서 밀어붙이는 상황 속에서 시야까지 확보하는 것은 쉽지 않다.

인생도 마찬가지다.

본인의 삶이 힘들고 여러 가지 문제에 부딪힐 때도 하늘의 시야로 인생을 바라보는 습관을 들여야 인생의 해답도 찾을 수 있는 것이다. 따라서 역사를 하나하나 세부적인 사항까지 살펴보는 것은 내 삶의 나침판을 제시하고 지도를 그리는 과정으로 이해하면 좋겠다.

국가의 탄생은 아기가 처음 세상에 나오는 것과 유사할 것이다. 처음 태어난 국가는 대부분 생활이 어렵고 교육 수준이 낮을 수 있지만, 앞으로 잘 살기 위한 강한 의지와 희망으로 가득하다. 모두가 동일한 수준의 가난과 어려움을 겪기 때문에 내가 좀 더 노력한다면 다른 사람들을 앞서갈 수 있다는 희망이 존재한다.

이러한 희망과 의지는 사람들을 움직이는 동력이 된다. 스타트업이 처음 시작할 때 열정과 희망으로 열심히 노력하는 것과 처음 꾸리는 가정에서 볼 수 있는 희망과 노력도 이와 유사하다. 이러한 상태는 현실의 장애물에 부딪히기 전까지는 계속 유지된다.

사람들은 생존을 위해 항상 최적화된 행동을 하며 이는 국가 수준에서도 마찬가지이다. 신생국가가 처음에는 어려움을 겪으면서 빠르게 성장하는 것은 당연한 일인데, 이는 생존을 위한 동기부여가 크기 때문이다. 노력에 대한 보상이 눈앞에 보이기 때문에 사람들은 적극적으로 일하지만 이러한 동기부여와 노력의 성장 속에서는 국민성을 기대해서는 안 된다.

후진국을 방문하면 소매치기, 사기, 호객 등의 문제를 마주치게 되는데 이는 그 나라가 악한 나라라서가 아니다. 누구나 그 나라에서 평생을 살게 되면 그들과 비슷한 행동을 할 것이다. 사람들은 항상 자신의 생존에 제일 최적화된 행동을 취하기 때문에 우리나라, 중국, 예전의 일본, 미국, 유럽 모두 초창기에는 많은 어려움을 겪었다. 횡단보도를 파란불에 건너는 것도 본인에게 사회적 이득이 될 경우에만 그렇게 움직이는 것이다. 먹고 살기 위해 조금이라도 빠르게 움직이는 것이 이득이 되는 상황에서는 모두가 빨간 불에 길을 건널 것이다.

안타깝게도 국민성, 매너, 도덕성, 교양은 경제력이 충분히 뒷받침돼야 비로소 발전할 수 있는 것이다. 사회가 성장하고 먹고 사는 문제가 어느 정도 해결되면 국가는 더 높은 단계로 도약하기 위한 시험을 맞이하게 되는데, 바로 이때 국가를 어떤 체제로 다스릴지를 결정하게 된다. 공산주의, 사회주의, 민주주의 등 다양한 용어들이 있지만, 하나도 중요하지 않다. 이는 단순히 의사전달을 위한 용어들일 뿐이다. 국가의 권력이 한 곳에 집중되어 있는지 아니면 다수에게 분산되어 있는지에 초점을 맞추는 것이 중요하다.

권력이 집중되어 있다면 독재국가, 왕정국가, 공산국가, 사회주의 국가로 분류할 수 있고, 권력이 다수에게 나누어져 있다면 자유민주주의 공화국 등으로 부를 수 있지만 이런 것은 중요하지 않다. 이런 것이 그 나라의 특성을 규정한다면 민주가 붙은 나라가 모두 잘 살아야 한다.

신생국가 초기에는 권력이 집중되어 있는 독재 형태의 국가가 자유민주주의보다 유리하다. 실제로 많은 국가들이 건국 초기에는 독재국가의 형태를 띠고 있다. 조선시대도 독재국가였으며, 미국도 건립 초기에는 민주공화당 1당 체제였다. 신생국가의 국민들은 교육 수준이 대부분 낮아서 똥과 된장을 잘 구분하지 못하기 때문이다. 우리가 알고 있는 자유민주주의는 국민들 대부분이 정상적 사고를 할 수 있을 때 비로소 쓸 수 있는 선물 같은 단어이다.

만약 우리가 중국이나 후진국의 소매치기나 사기꾼들에게 모두 투표권을 주면 어떤 상황이 벌어질까? 이 글을 읽었으면 세상을 조금 더 폭넓게 이해하게 되었을지도 모르겠다. 인도, 튀르키예, 아르헨티나만 봐도 답을 찾을 수 있을 것이다.

돈이 이곳저곳으로 오가면서 제일 부패한 사람이, 돈 많은 사람이, 리버럴리스트가 당선되어 권력을 가지게 되는 암흑의 시

대가 벌어질 것이다. 따라서 국민성이 낮을 때의 자유민주주의
는 고양이한테 생선을 맡기는 것과 같다. 따라서 초기의 국가는
어느 정도 현명한 지도자가 권력을 갖고 이끌어가는 것이 국가
발전에 더 유리하다.

이런 형태의 국가는 지도자만 멀쩡한 상태라면 권력이 분
산된 국가에 비해 빠르게 성장할 수 있다. 최소한, 준비도 안 된
국민들과 국민성을 가지고 민주주의를 시행하겠다는 국가보다
는 빠르게 성장할 것이다. 왜냐하면 지도자가 사회불안만 잡아
주고 치안만 해결해줘도 국민들은 먹고살기 위해 알아서 열심히
일할 것이기 때문이다.

권력이 집중되어 있는 독재국가 형태의 국가 체제는 나라
의 발전 과정 중에 어쩔 수 없이 겪게 되는 성장통과 같은데, 즉
2차 성징과 유사하다. 하지만 나라가 한 발자국 더 나아가기 위
해, 보다 진화한 형태의 국가가 되기 위해서는 평범한 지도자로
는 역부족한 상황이 만들어지게 된다.

국민 소득이 증가하고 교육 수준이 높아지기 시작하면, 예
전에는 먹고 살게만 해줘도 만족하던 시절은 어느새 잊게 되고
갑자기 자유와 인권을 주장하기 시작한다. 독재국가를 운영하
며 사회적 문제들을 해결하다 보면 불합리하고 억울한 피해자

들은 반드시 부산물처럼 생길 수밖에 없으며, 초기 신생국가에서는 범죄와 마약, 도둑 같은 불법 행위가 끊임없이 존재할 수밖에 없다. 이런 상황을 어떻게 해결할 수 있을까?

"괴물을 잡으려면 괴물이 되는 수밖에 없다." 우리나라도 그랬고 어느 나라든 마찬가지였다.

나이가 많으신 분들은 우리나라의 과거 치안이 얼마나 안 좋았는지를 충분히 알고 있을 것이다. 독재 반대편 세력인 진보 세력은 다 함께 잘못된 점들을 지적하며 뛰쳐나오게 되어 있다.

먹고살기 힘들 땐 독재국가가 더 나은 선택이기에 여러 문제들을 지적해도 잘 들어주지 않았지만, 어느새 배가 부르고 나면 독재 세력과 민주화 세력 간의 충돌이 발생하는데, 대부분의 독재자들은 무력을 통해 상황을 해결하려고 한다.

"독재자가 물러서면 독재자 본인만 죽나?" 독재자 본인과 가족, 독재자 정부, 그를 따르던 사람들 모두가 죽게 되고, 이는 민주화 세력에 의해 오랜 시간 동안 역사에 안 좋은 기록으로 남게 된다. 이는 인간적으로 쉽지 않아 독재자도 발버둥을 친다.

그렇다면 독재자가 권력을 바로 넘겨주면 모든 게 잘 굴러갈까? 그럴 가능성은 적다. 오히려 경제가 악화되고 서로 싸우면서 민주화를 시도하다가 다시금 독재가 일어날 수도 있다. 민주화와 독재가 반복될 가능성이 다분하다. 독재사회의 행정가들은 부패한 면이 있더라도 오랜 시간의 경험과 노하우를 가지고 있는 사람들이다. 그런데 그들을 모두 대체하고 투쟁에만 전념한 사람들이 정권을 잡으면 상황이 개선될 수 있을까? 오히려 더욱 악화될 가능성이 높다.

그렇게 대부분은 지지부진하면서 후진국도 선진국도 아닌 중진국의 문턱에 걸려서 나아가지 못하는 현상이 발생하게 된다. 선진국으로 발전하기 위해서는 지도자의 결단이 중요하다.

중국의 덩샤오핑은 미국의 유명한 경제학자에게 중국이 잘 살기 위해서는 어떻게 해야 할지를 물어봤다. 이에 대해 경제학자는 "어떤 국민이든 누가 한 명 먼저 부자가 되면 된다"고 답했다고 한다. 이를 통해 선부론과 흑묘백묘론, 자본주의의 핵심 원리를 배우게 됐고 이후 중국은 공산주의 계획경제를 포기하고 일부 자본주의 경제 시스템을 도입하여 경제 발전을 이룰 수 있었다.

자본주의는 돈을 넣고 돈을 먹는 도박과 같은 시스템이 아니라 인간의 탐욕을 인정하고 이를 경제 발전에 활용하는 시스템이다.

동아리 활동이나 집단 내에서도 비슷한 원리가 적용된다. 만약 동아리에서 선배들끼리만 재미있게 활동하고 나머지 후배들에게 관심을 가지지 않는다면 동아리는 망하게 될 것이다. 집단, 회사, 국가에도 동일한 원리가 적용되며 개개인이 활동에서 재미를 느끼고 희망을 갖고 생산에 힘쓴다면 경제 규모는 자연스럽게 커지게 된다. 그러나 집권 세력들이 자기들끼리만 성과를 나눠 먹고 재미를 추구하면 나라는 발전하기 어려워진다. 그렇기 때문에 선진국으로 나아가는 핵심은 집권 세력이 자신의 욕심을 포기하고 국민과 성과를 나누는 것이다.

또한 리버럴리스트는 정치를 하면 안 된다. 독재국가와 선진국으로 가는 나라들의 차이점이 바로 이것이다. 독재국가를 넘어 국민들에게 부를 나눠주면 어느 정도 사회가 성숙해지며, 진정한 의미의 자유민주주의를 실현할 수 있는 국민성이 형성된다. 이는 사춘기를 넘어 청년으로 성장하는 것으로 볼 수 있다.

다른 나라들도 '지도자의 욕심'이라는 장애물을 넘지 못하고 쓰러지는 경우가 많은데, 부패한 정치인을 지원하거나 훼방 놓기도 하며 나라끼리 견제하기도 한다. 부패한 정치인이 들어서야 상대 국가가 약해지니까.

사회의 발전 과정에는 양면성이 존재하며, 양극화와 사회주의의 양면성이 함께 자라난다. 처음에는 잘 성장하던 국가도 점점 양극화와 사회주의적 요소들이 나타나게 되는데 이는 자연스러운 현상이다. 때론 이러한 상황을 역으로 이용할 수도 있다. "나를 알고 적을 알면 백전백승"이라는 말처럼 양극화를 이해한다면 이는 오히려 기회가 될 수 있다.

중국의 선부론은 잘난 사람이 먼저 성장하여 다수를 먹여 살리는 구조이지만 인간의 능력에는 차이가 있다 보니 잘난 사람들은 계속 성장하고 돈을 더 벌게 되는 구조를 이루게 된다. 잘난 사람들은 최대한 돈을 버는 구조를 유지하며 이런 원칙이 깨지지 않게 하기 위해, 지속성을 지키기 위해 노력한다.

반면 그렇지 못한 사람들은 점점 더 뒤처지게 되며, 이것은 재미없는 동아리방과 같은 상황이 된다. 이렇게 커진 양극화는 사회의 효율성과 생산성을 저하시키며 나라를 빚의 구렁텅이로 몰아넣는다. 빚이란 개인이 자유롭게 빌릴 수 있는 것이 아니라 신용이 필요하므로 초창기 신생국가는 빚을 내고 싶어도 낼 수가 없다. 이런 상황에 처한 국가는 그저 열심히 노력할 수밖에 없다.

하지만 어느 정도 경제 규모가 올라오고 신용도가 쌓이게 되면 가만히 있어도 다양한 곳에서 돈을 빌려주기 시작한다. 돈을 빌리면서 돈의 맛을 알게 되면 사람이든 국가든 모두가 순식

간에 돈의 노예나 부하로 전락하게 된다.

악인들은 항상 젊은이들을 유혹한다. 그들은 순진하기도 하고 젊음이라는 담보가 있기에 돈을 받아내기가 용이하기 때문이다. 그래서 나라가 본궤도에 오르기 시작하면 국제 자본 세력들 입장에선 해당 국가가 한동안 장기적으로 성장할 수밖에 없는 안전자산으로 보이는 것이다. 이때부터는 채권이 팔리고 자산도 잘 팔리게 되지만 이런 상황에서는 많은 희생과 고통이 따르기 마련이다.

지금의 아프리카나 이머징 국가들이 모두 이 경우에 속하며 중국과 미국의 손을 안 빌리고서는 할 수 있는 게 아무것도 없는 상황이다. 빚으로 굴러가는 사회는 뒤로 돌아가기 어렵고 빚을 털어내는 것은 한번 파산하지 않는 한 사실상 불가능한 일이 되어버린다. 더 큰 문제는 한 번 빚을 내기 시작하면 양극화는 점점 심해진다는 것이다.

돈을 잘 버는 사람은 신용도가 높기 때문에 더 많은 빚을 끌어다 쓸 수 있어 더 부자가 된다. 이로 인해 양극화가 심화됨에 따라 이에 반발하여 사회 변화를 원하는 사회주의자들이 등장하게 된다. 이들은 처음에는 사람들을 달래는 달콤한 말로 시작하지만 결국 그들의 최종 결론은 부자와 기업들 때문에 환경이 파괴되고, 가난이 심화되며, 학력 편차가 생기니 그 부자와 기업들의 재산을 빼앗아 '내가' 나눠주겠다는 것이다. 직접적으로 도둑질을 하면 너무 속보이니까 나눠준다고 하는 것이다.

그래서 항상 '복지를 늘리자, 최저임금을 올리자'라는 말을 하는 것이다. 이들은 돈을 사용하는 정책을 시행하는데 이러한 정책은 대부분 세금으로 자금을 조달한다. 그러나 복지는 결국 사람들의 생산성을 저하시킨다. 코로나 팬데믹 동안 막대한 재난지원금이 뿌려졌을 때를 떠올려 보면 된다.

이러한 정책을 통해 돈이 있는 사람들은 일하기를 더욱 꺼리게 될 것이다. 돈이 없는 사람들도 지원금을 받지 않았더라면 일을 하면서 국가의 경제 성장에 기여했을 것이다. 복지를 받으면 일을 덜하게 되며 생산성은 하락하게 된다. 복지는 한번 시작하면 커지기 마련이다. 줬다 안 주는 게 가장 나쁜 것처럼, 계속 주다 보면 받는 입장에서는 그것을 당연하게 생각하게 되고 그러다 보면 복지국가는 빚쟁이 국가로 변질되어 지속적으로 국채를 발행하거나 돈을 찍어낼 수 밖에 없게 된다. 따라서 양극화는 더욱 심화된다.

이러한 이유로 사회주의자와 공산주의자를 따로 구분하지 않으며 이러한 접근 방식에 따르면 결국 한 가지로 수렴하게 되는데, 이렇게 체질이 변경된 국가는 과거로 되돌아갈 수 없다는 것이다. 빚은 점점 증가하고 생산성은 감소하며 고령화 사회로 점점 변해간다.

또한, 국가가 노쇠하고 병들어가는 상황에도 비정상적인 방법으로 생존을 시도하는 국가가 있는데, 미국이 그런 경우라고 할 수 있다. 미국은 기축통화국이기 때문이다. 기축통화국은 자신의 빚을 다른 국가에 전가할 수 있는 구조를 가지고 있다. 하지만 기축통화국은 불가피하게 타락의 길을 걸어갈 수밖에 없게 된다. 모든 문제를 빚으로만 해결할 수 있는 국가는 정상적인 경제 활동을 수행할 수 없기 때문이다. 한도가 무한인 신용카드가 있는데 왜 일을 하겠는가? 그냥 놀면 되지.

결국엔 기축통화국조차 망하게 되고 그렇게 세계적인 패권의 교체가 일어나게 된다. 따라서 기축통화국의 몰락은 화폐의 몰락과 같이 움직이게 되어있다. 강한 군사력과 그를 통해 만들어진 별명 천조국. 군인도 월급을 받아야 싸우는 것이고 화폐 가치가 떨어져서 그들의 월급을 충당하지 못하면 군대 운영에도 영향을 줄 수 있다. 또한 사회 발전과 함께 군인들에 대한 대우 수준이 떨어지면 애국심과 충성심도 사라져버리게 된다.

그리고 사회적으로는 일하는 친구들은 점점 줄어들고 탈

레반, 인권 운동가, 시민단체, 동물애호가 등 생산성과 관련 없는 그룹에 속한 사람들이 더 많아진다. 이러한 사회적 변화로 인해 국가는 타락하고 병들게 되며, 국민들은 겉으로는 행복해 보일지라도 그것은 신기루일 뿐이다. 결국 국가가 쓰러짐으로써 대부분의 나라들은 이 운명의 수레바퀴 안에서 크게 벗어나지 못한다.

사람 인생도 다 거기서 거기인 것처럼, 국가라고 다를 게 있을까? 똑같을 것이다. 따라서 우리는 이 거대한 미로 속에서 우리가 어디쯤에 위치해있는지를 우물 안이 아닌 하늘에서 밑으로 내려다봐야 하는 것이다. 그리고 각자 어떻게 처신할지를 정하고 상황에 맞게 대응해야 하는 것이다.

이러한 이유로 우리나라, 아니 세계가 점점 사회주의 색채에 물들어갈 수밖에 없는 것은 어쩔 수 없는 운명이고 이미 벌어진 양극화와 부채는 극복하기 어려운 일이 되었다.

chapter 05

시대적 배경 |피, 땀, 눈물|

인문학의 중요성

———

1843년 독일 경제학자 빌헬름 로셔는 경제적인 행위가 역사적이고 사회적인 상황에 의해 좌우된다고 주장하였으며, 이러한 행위를 연구할 때는 경제적인 접근 방식뿐만 아니라 역사적인 방법도 필요하다고 말했다.

로셔의 주장에 따르면 연구자의 첫 번째 과제는 가능한 한 폭넓은 역사적 지식을 가지고 경제적 사실에 대한 이해를 얻는 것이었으며, 이를 바탕으로 경제와 사회 간의 관계를 밝혀내는 것이었다. 이는 독일의 역사학파 경제학자들이 경제를 제대로 이해하기 위해 역사와 사회 연구의 중요성을 강조했다는 것과 같은 맥락이다. 따라서 세계의 변화와 동향을 파악하기 위해서는 인문학을 공부하는 것이 필수라고 할 수 있겠다.

그렇다면 지금까지의 시대는 과거와 어떤 인과성을 보여주고 있는지 알아보면, 과거에서부터 현재까지의 시대는 지속적인 인과성을 보여주고 있다. 인류의 역사는 연속적인 흐름 속에서 변화와 발전을 겪어왔으며, 경제와 사회는 이러한 변화와 발전에 영향을 받고 있다. 예를 들어 기술의 발전과 경제체제의 변화, 사회적인 가치와 관념의 변화등이 시대마다 다양한 형태로 나타나며 연속적으로 진행되었다.

그렇다면 과거에서부터 지금까지는 어떤 시대의 인과성을 보여주고 있는 것일까?

❥ 피의 시대 ❥

인류의 역사는 피와 밀접한 관련이 있다. 현재는 모든 국민이 법 앞에 평등하다는 내용이 헌법 11조에 규정되어 있지만, 이것은 최근에 이루어진 변화이며 대부분의 역사에서는 평등하지 못한 시대가 지배적이었다. 예를 들어 우리나라의 경우, 고조선 시대에 단군 할아버지가 세운 국가에서는 8조 금법에 "남의 물건을 훔친 자는 노비로 삼는다"라는 조항이 있었는데, 이를 통해 이미 신분제도가 존재했음을 알 수 있다.

간단히 말하면 할아버지가 왕이었다면 아버지도 왕이었을 것이며, 아버지가 왕이었다면 자신 또한 왕이었다는 이야기이다.

이와 반대로 할아버지가 노비였다면 아버지도 노비였을 것이고, 아버지가 노비였다면 자신도 노비였다는 것이다. 이 시대에는 태어나기 전에 이미 운명이 결정되어 있었는데 아무도 이에 대한 문제의식은 갖지 않았을 것이며 이것은 매우 당연한 사실로 여겨져 자연스러운 것으로 생각했을 것이다. "갈릴레오 갈릴레이가 지구는 돈다고 주장했을 때 사람들이 그를 비웃었듯"이 말이다.

이렇게 내 몸에 흐르는 피가 누구의 피인지에 따라 내가 누군지 정해진 시대는 정말 긴 시간을 이끌어 왔으며 아직도 어딘가에는 피의 시대가 존재한다.

피의 흐름에 따라 우리의 신분과 정체성이 결정되는 시대는 매우 오래되었는데, 피의 시대는 또 다른 의미로도 해석될 수 있다. 즉 피로 인한 '전쟁'의 시대이다. 전쟁도 지금까지 사라지지 않고 계속되어 왔지만, 과거의 전쟁 시대는 현재의 전쟁 시대보다 더 활발했으며 이는 권력과 힘의 상징이었다. 사냥과 채집을 하던 시대에서 농업과 무역을 하는 시대로 전환되면서 계급 구조가 형성되었던 청동기 시대 그리고 철기 시대의 도래와 함께 전쟁은 더욱 격렬해졌다. 전쟁으로 인한 공포와 실망 등이 가득한 어두운 시대가 찾아오면서 종교와 철학이 많이 등장하기 시작하였고 이것은 의미심장한 현상이었다. 그러나 규칙과 규제의 등장으로 피의 시대는 서서히 사라지고 땀의 시대가 꽃을 피우게 된다.

•• 땀의 시대 ••

땀의 시대가 열린다. 우리나라는 갑오개혁 이후 신분제도가 사라짐으로 인해 희망의 꽃이 늦게 피었지만, 일반적으로는 1차 산업혁명 전후로 피의 시대가 지나고 땀의 시대가 열렸다고 볼 수 있다. 이는 모든 사람이 평등한 위치에서 열심히 노력하면 번영할 수 있는 사회로 발전한 것이며 이러한 원동력은 근대화를 촉진시켰다.

역사적으로 대다수의 나라는 갓난아이가 성장하는 과정과 유사하게 성장했기에, 잘 살고자 하는 욕망은 강했고 교육에 대한 뜨거운 열망도 식지 않았다. 이러한 시기에서는 개인이 흘린 땀의 양에 따라 사회적 계층이 결정되었는데, 이는 모두에게 열심히 살아갈 이유가 되었고 누구에게나 희망의 미래를 제공했다. 그렇게 땀을 흘린 세대들이 국가 경제를 발전시키고 가정을 세우며 자산을 축적해나간다.

우리나라도 비슷한 경우다. 한강의 기적을 이룬 세대들의 출발선은 지금보다 평등하였으며 그랬기에 그들은 열심히 땀을 흘려 그 땀의 대가를 받아 자산을 축적했다. 그러나 출발은 평등했지만 흘린 땀의 양은 결코 같을 수 없었고 그 차이는 결국 빈부의 격차(양극화)로 이어지게 된다. 이 빈부의 격차는 자연스럽게 그들의 다음 세대들에게도 영향을 미치며 땀의 시대는 점차 마무리가 되었다.

❖ 눈물의 시대 ❖

눈물의 시대가 찾아오면서 감정이 혼합되기 시작한다. 이는 참으로 역설적인 눈물일 것이다. 우리가 진짜 흘리는 눈물과 눈물이라는 "감정의 시대" 말이다. 땀의 시대에서는 땀의 양과 질에 따라 출발선이 다르게 형성되면서 땀의 가치가 희석되었다. 출발선이 달랐기 때문에 아무리 열심히 공부해도 사교육으로 무장된 학생들을 앞지르기 어려워지기 시작했다. 이에 경쟁 자체가 이뤄지지 않아 격차는 점점 커졌으며, 따라가기 어려운 사람들은 경쟁 자체를 포기하기도 한다. 이는 '아무리 해도 소용이 없다'라는 생각으로 인해 노력을 그만두는 것이다.

노력의 시도마저 포기하면서 아무런 변화도 일어나지 않아 상황은 더욱 고착화되고 그 격차 또한 점점 더 벌어지게 될 뿐이었다. 그리고 벌어지는 격차만큼 눈물도 흘리게 되었다. 사회과학에서는 이러한 사회를 '세습 자본주의' 사회라고 일컫고 있는데, 이는 자본이 대를 이어 세습되어 계층구조가 고착화되는 것을 의미한다. 현재 우리가 살고 있는 시대는 계급이 사라져서 혈통을 통해 신분이 전달되지 않지만, 이제는 피가 아닌 자본을 통해 신분이 전달된다.

** 되돌림, 눈물의 시대에서 피의 시대로 **

'역사는 반복된다'라는 말과 '과거는 미래의 거울이다'라는 말을 믿는다. 이로 인해 눈물의 시대가 다시 피의 시대로 회귀하고 있으며 계층 간의 이동이 고착화되어 빨간색 피가 아닌 자본이라는 파란색 피로, 할아버지가 누군지에 따라 아버지가 결정되고 아버지가 누군지에 따라 내가 결정된다.

계층 간 이동이 고착화되면 계층은 계급으로 전환되고, 이는 필연적으로 지배계급과 피지배계급으로 구분된다. 지배계급은 피지배계급을 착취하며 변화를 원하지 않을 것이고, 자신들의 지위를 정당화하기 위한 다양한 지배 논리를 제시할 것이다. 이러한 사회는 바람직하지는 않지만 우리에게 점점 다가오고 있는 현실이다.

** 진화, 눈물의 시대에서 눈물의 시대로 **

처음에 언급한 대로, 눈물의 시대는 감정의 시대이다. 감정의 시대도 진화할 것이며, 결국 피의 시대와 눈물의 시대 사이에 양극화가 심해질 것인데 이 감정의 시대에는 땀의 시대만큼의 기회가 다시 생길 가능성이 있다.

땀은 노력, 평등 그리고 기회를 상징한다.

따라서 현재 우리는 시대적인 기로에 서있는데 이는 혁명의 변곡점에 있는 시대라는 의미를 가지고 있다. 이런 이유로 '감정'은 더욱더 중요해질 것이다. 산업혁명의 땀의 시대는 현재의 눈물의 시대로 변하였지만, 다시 혁명이 오기 때문에 땀의 시대가 재현될 것이다. 땀의 시대는 노력이며, 노력의 가치는 희석될 수 있지만 현재보다는 평등하게 만들어 줄 수 있을 것이다. 그에 따라 기회도 생기게 될 것이다. 하지만 기회라는 것은 누구나 얻을 수 있는 것이 아니며, 준비된 자에게만 찾아온다는 점을 명심해야 된다. 언제, 어떤 상황에서 기회가 찾아올 수 있는지를 파악하기 위해서는 시대적 배경을 이해해야 한다.

우리는 1차 산업혁명부터 3차 산업혁명까지를 겪었고, 이후 코로나라는 질병이 혁명의 속도를 앞당겼다. 그렇게 4차 산업혁명이 찾아오게 되었고 4차 산업혁명 이후, 챗GPT와 인공지능이 등장했는데, 이들로 인해 '생각의 가치'는 매우 중요해질 것이다. 기회는 감정이라는 개념에 내포되어 있으며 챗GPT와 인공지능이 일자리를 대체하고 우리를 더욱 게으르게 만들 것이라는 우려가 있지만, 사람과 챗GPT, 즉 사람과 인공지능의 가장 큰 차이점은 바로 '생각'에 있다. 인간은 생각할 수 있다. 이는 사고와 독창성, 즉 감정을 의미한다. 따라서 눈물의 시대는 계속해서 진화될 것이며, 우리는 이 트렌드에 빠르게 적응해야 할 것이다. 마치 애플(전 세계 시가총액 1위)이 우리의 감정을 자극했던 것과 같이 말이다.

현재의 시대적 배경은 여전히 기로에 서 있다. 이는 우리가 '이성'보다는 '감정'에 주목해야 하는 이유다.

외환위기 시대와 코로나 시대

———

현재 세대들은 사회에서 나라의 내수를 담당하는 윤활제 역할을 하며 원동력을 제공하고 있다. 우리는 이 세대가 어떻게 형성되었으며 어떠한 시대적 배경을 갖고 있는지 알아볼 필요가 있다. 왜? 현재의 세대가 현대 사회의 방향성을 이끌어가니까.

대다수 현재의 세대들, 즉 MZ세대는 우리 아버지 세대의 의식을 계승했다. 아버지 세대는 연금 개혁이 시작되던 시기를 살았으며 IMF 외환위기에 직면한 어려운 시기를 지나온 세대다. 이러한 시대적 배경이 우리를 현재의 모습으로 만들었을지도 모르겠다.

아버지 세대는 우리나라의 베이비 붐 세대 쯤에 태어났으며, 검정 고무신 시대라고 불릴 정도로 아버지 세대의 특징을 대표하기도 한다. 우리 아버지 세대는 1960년대 어린 시절을 아직까지 잊지 못하는 기억으로 간직하고 있는데 그때까지만 해도 5월과 6월에는 쌀이 바닥나고 보리는 수확되기 전이라 밥을 굶는 가정들이 많았는데, 이를 '보릿고개'라고 불렀다.

그때는 감자, 고구마, 콩, 칡 등 비교적 척박한 땅에서 자라는 작물만으로는 배를 채우기 부족했기 때문에 소나무의 속껍질을 벗기고 삶아 부드럽게 만들어 먹기도 했으며 진흙을 물에 타서 바닥에 가라앉은 부분을 쪄 먹는 등 굶주림을 면하기 위해 갖은 노력을 하던 시대였다. 이러한 식생활로 인해 심각한 변비를 앓는 사람들이 생기면서 "똥구멍이 찢어지게 가난하다"라는 말이 나오기도 했다.

특히 가을에 쟁여놓은 양식이 떨어지는 보릿고개를 버티는 것은 쉬운 일이 아니었기 때문에 농촌 사람들은 10대 소녀들을 서울로 보내 식모살이를 시키기도 했다. 한 달 담뱃값 정도가 식모 한 달 월급과 비슷했으니 그리 비용 부담이 크지 않아 서울에서는 식모를 두는 가정이 많았다. 당시에 지어진 아파트 구조를 보면 부엌 옆에 한 평 정도의 식모 방이 마련되어 있었을 정도이다.

이렇게 우리 아버지 세대는 1960년대를 포함하여 우리나라에서 가장 가난한 시기를 경험했다.

산업화의 시작으로 우리나라의 상황은 크게 달라지게 된다.

급격한 경제 성장으로 인해 공장에서는 여성 노동력도 필요해졌고, 이들은 월급을 제대로 받을 수 있는 공장으로 일자리를 바꾸기도 한다. 경제개발 계획에 따라 우리나라의 경제는 빠르게 성장하게 되었고, 이에 따라 빈부격차도 급격하게 커지게 되었다. 특히 도시와 농촌 사이에는 경제 발전과 사회 환경 측면에서 너무나 큰 차이가 발생하게 되어 많은 인구들이 도시로 향하게 되었고, 따라서 인구가 도시에 집중되는 현상이 발생하기도 했다.

이러한 시대에 청춘을 보낸 아버지 세대는 호황을 누렸다. 그러나 아버지 세대가 나이가 들어 가정을 책임지게 되었을 때, 우리나라 최대의 위기인 외환위기가 찾아왔고 아버지는 각 가정의 가장으로서 현실적인 어려움을 체감하게 된다. 나라가 망하는 것을 직접 경험하며 나라를 살리기 위해 누구보다 적극적으로 행동했다. 그들은 가족의 가장이자 나라의 가장이기도 했다. 이러한 시대의 현실을 우리가 고스란히 이어받게 된다.

우리 아버지 세대가 가지고 있는 어린 시절의 기억은 가난함의 연속이었다. 그러나 생각이 필 무렵의 나이엔 나라의 급격한 발전과 함께 찾아온 빈부격차를 몸소 느끼며, 열심히 학업에 매진하기도 했다. 가장 예쁘고 멋진 나이인 20대가 되었을 때는 사회주의와 민주주의의 경계에 서 있었으며, 가족을 이루고 가장이 되었을 때는 나라가 망한 상황을 맞이했다. 그렇기 때문에

'안정'이라는 단어는 삶에 있어서 필수조건이 되었다. 이런 시대를 겪으면서 나라가 망했으니 오죽했을까.

그렇게 우리는 그 시대의 유산으로 다시 공부를 강요받고, 안정된 직업을 추구하게 된다. 게다가 경제교육도 제한되었다. 주식 투자는 누구나 실패할 것이라고 여겼고 닷컴 버블과 같은 경제 위기도 경험한다. 현재와 같은 정보화 시대가 아니었기에 경제를 가르쳐줄 누군가가 존재하지도 않았다. IMF 외환위기가 발생한 것도 우리나라가 앞만 보고 개혁하고 발전하느라 기초를 다질 시간이 부족했기 때문이다. 경제 성장을 빠르게 이루었지만, 아직까지 경제 민주화는 이루어지지 않은 시기였다.

이렇게 우리는 안정을 얻기 위해 과감함과 도전을 거부하게 된다. 일본의 잃어버린 30년도 마찬가지지 않았던가.

그렇다면 현재의 우리는 어떤 시대에 살고 있는 걸까?

개천에서 용이 나는 것을 보며 자란 아버지 세대의 유산을 이어받았다. 직접적인 체감을 통해 얻은 유산은 사교육의 열정을 불러일으키며 경쟁 사회에 진입하게 되었고, 어떤 사람들은 지친 나머지 경쟁을 포기하기도 한다. 이렇게 우리는 공부라는 것에 지침을 느끼고 모두가 지쳤다. 국가가 정한 틀 안에서 모든 사람들이 당연하게 국어, 수학 그리고 영어를 공부하며 숲이 아닌 나무를 향해 달려갔다.

세상은 넓지만 우리는 그 넓은 세상을 제대로 보지 못했다. 보이는 만큼만 봤고 보이는 것이 정답이라고 생각했다. 그렇게 아버지와 아버지 세대의 유산을 이어받은 우리는 모두 금융문맹이 되어버린다. 이것이 대다수의 MZ세대의 모습이 아닐까. 그러나 우리는 아버지 시대와 다르다. 분명히 차이가 있을 것이다.

아마도 대다수의 사람들이 이 차이를 코로나 시대에 경험했을지도 모르겠다. IMF 외환위기 세대가 현재의 30대의 경제 관념(금융문맹)을 형성하였고, 리먼 사태 세대가 현재의 20대의 경제 관념(금융문맹)을 형성하였지만, 코로나는 MZ세대의 경제 관념을 통합시켰다. 운이 좋았을지 나빴을지는 모르겠지만, 누구나 한 번은 주식을 경험해보는 계기가 되었고, 누구나 어느 정도 주식에 대한 이해를 갖게 된 시기였다.

그렇게 누구나 한 번쯤은 주식 관련 책을 읽고 공부하며 인플레이션에 대해 검색하기도 한다. 정보를 쉽게 접할 수 있는 시대와 좋은 것이든 나쁜 것이든 차별 없이 이슈가 돈을 불러오는 시대가 합쳐져 눈을 뜨면 주식 이야기와 경제 이야기가 나오는 시대를 경험했다. 이전에는 한국의 경제에만 관심을 가졌지만, 지금은 미국 경제에도 관심을 가지게 된다.

이슈를 전반적으로 바라보며 미국의 금리가 올랐다면서 우리나라를 걱정하게 되었고, 미국의 파산에 대해 우려하기도 한다. 이런 과정을 거치면서 금융문맹에서 벗어나 금융에 대한 이해도가 높아진다. 우리는 늦게라도 금융문맹에서 벗어날 수 있는 기회를 만났다. 시대적 배경이 준 두 번째 행운은 여기에 있다. 시대적 배경 속에서 우리가 할 수 있는 것이 무엇인지 신속히 생각하고 찾아내야 한다. 어떤 사람들은 태어난 환경이라는 행운 속에서 잡았을 수 있었지만 태어난 환경만이 행운이라고 할 수는 없지 않은가.

우리는 충분히 기회를 가지고 있었고 잡을 수 있었다. 아직 기회를 잡지 못한 사람들은 생각해봐야 한다. 아직 기회가 남아 있을 수도 있고, 기회가 다가오고 있을 수도 있다. 기회가 찾아왔다는 것을 알 수 있는 유일한 방법은 과거를 회상하며 리마인드하는 것이다. 바둑에서 괜히 복기를 하는 것이 아니다.

우리 대부분은 이러한 관념을 이어받아 지금까지 살고 있다. 이러한 관념 속에서 각자의 이익과 손해를 파악하고 개선한다면 좋은 결과를 얻을 수 있지 않을까?

코로나 이후의 시대

―――

현재의 시대에 대해 살펴볼 때 '코로나'의 등장은 빠질 수 없는 요인이다. 코로나를 살펴볼 때, 과거에 있었던 유사한 전염병인 흑사병과 비교하여 당시 어떠한 상황이 발생했었는지 알아보는 것은 시대적 인과성을 알아볼 때 중요한 요소이다.

페스트라고도 불리는 흑사병은 14세기 중반 유럽에서 유행한 전염병으로, 유럽 인구의 약 1/3이 이 병으로 인해 사망한 것으로 추정되고 있다. 흑사병의 유행으로 인해 노동력은 감소하였고, 이로 인해 영주들은 농민들을 속박하기 시작한다. 이러한 상황은 백년 전쟁으로 인한 과도한 세금 부과와 함께 농민 폭동으로 이어지게 된다.

농노 해방과 자영농민 증가로 인해 영주와 농민 간의 지배관계인 장원제는 서서히 해제되었고, 흑사병으로 많은 사람들이 사망하면서 인간의 권리는 점점 소멸하게 된다. 또한 십자군 전쟁으로 인해 종교의 부패를 느끼며 '신은 무엇일까'라는 고뇌의 상황에서 사람들은 절망하기도 했으며 삶에 대한 진지한 고민을 거치게 되고 이에 르네상스의 시대가 도래한다.

르네상스는 부활이라는 의미를 가지고 있는데, 이는 고대 그리스와 로마로 돌아가자는 부흥 운동으로 당시 인간이 느낀 허탈함에서 비롯된 것이다. 이에 많은 학자들이 이탈리아 옛 로마 제국의 중심지였던 비잔티움 제국으로 유입되기 시작하였고 피렌체, 밀라노, 베네치아 등에 부유한 상인과 군주들이 몰려들며 문화 활동을 장려하기 시작한다. 이러한 변화로 인해 사람들은 지중해를 중심으로 부유해지기 시작한다.

이 시대에 그리스와 로마의 고전 작품을 연구하고 휴머니즘 및 예술 분야가 발달하게 되면서 데카메론이나 군주론 같은 책들이 발간된다. 미술 분야에서는 보티첼리의 비너스의 탄생, 레오나르도 다빈치의 모나리자, 미켈란젤로의 다비드상, 라파엘로의 아테네 학당의 탄생 등의 작품이 알려졌다. 건축 분야에서는 르네상스 양식의 발전으로 성 베드로 성당과 같이 건축물에서 열주와 돔을 강조한다. 그러나 모든 것에는 양면성이 존재하며 르네상스도 마찬가지였다. 이탈리아의 밝은 면의 르네상스와는 대조적으로, 알프스 이북의 르네상스는 거칠고 어두운 면을 가지고 있다.

또한 인클로저 운동이 벌어지게 되었다. 인클로저 운동은 울타리라는 뜻으로, 농사를 지을 때 땅을 나누어 소유권을 가지게 되는 것을 의미한다. 이는 이전에는 공동체로써 상부상조했던 시기를 지나 현실적으로 변하게 되었다는 것을 의미하기도 한다. 인클로저 운동에서 '울타리'라는 단어만 봐도 알 수 있듯이, 사람들은 이전보다 더욱 개인주의적으로 변하게 되었고 종교적 가치관이 줄어들며, 공동체 의식보다는 개개인의 삶의 중요도가 높아지게 되었다. 이는 개인주의적이고 가족 중심적인 삶이 시작되는 계기가 되었다.

이러한 변화로 인해 소유권의 가치가 상승하였고 르네상스의 시대에는 개인주의가 빠르게 확산되었으며 소통이 부족해지는 현상이 나타난다. 이는 현재의 상황과 유사하다. 그렇다 보니 사람들은 정신적이나 육체적으로 외로움을 느낀다. 데카메론의 내용을 인용하자면 "언제 죽을지 모르니 오늘을 즐기자"라는 사상이 퍼지며 성적 자유가 증가하게 된다. 남녀가 욕망에 이기지 못해 성관계를 맺으며 욕망을 해소하는 모습도 보인다.

흑사병 이후의 르네상스 시대와 현재의 코로나 이후의 시대와 비교해 보면 과연 별다른 게 있을까.

1980년부터 1990년대까지 구조조정 열풍을 겪은 부모의 영향으로 현재의 MZ세대는 언제든지 회사가 나를 배신할 수 있다는 생각을 가지고 있다. 결국 의지할 곳은 가족밖에 없다는 생각으로 가족을 소중하게 여기는 경향이 다른 세대보다 강하다는 사실이 통계로 밝혀지기도 했다.

실제로 일본의 사토리 세대나 프리터족이라 불리는 새로운 계층은 도시에서 출세하는 것보다는 고향에서 가족, 친구들과 함께 있는 것을 선호한다. 이는 좁은 범위의 인적 자본을 중시하는 사람들이 늘어나고 있다는 것을 가리키기도 한다. 도시에서는 가족의 붕괴 현상이 나타나 양극단적 흐름이 존재하기도 하지만 가족의 중요성은 아무리 시간이 많이 흘러도 변하지 않을 가치이다.

결혼이라는 제도가 옛 제도에 불과할지라도 그 제도가 100년 이상 이어져 왔다는 것은 인간의 삶에 중요한 가치로 내재되어 있다는 암묵적인 의미를 가지고 있다.

또한 '페르소나의 부활' 역시 눈에 띄는 현상이다. 학교 모임이나 직장 모임과 같은 다양한 커뮤니티 속에서 개개인은 다양한 입장과 역할을 가지고 있지만, 일관된 정체성을 유지하는 것은 어려운 일이다. 낮에는 강압적인 임원으로 보이는 사람이

밤에는 친구들과 노래방에서 신나게 놀고 있을지도 모른다.

어느 곳에서나 일관된 인격을 유지하는 것은 어려운 일이지만, 이것이 사회의 성립과 유지에 중요한 역할을 한다는 점은 간과할 수 없다. 어느 곳에서나 똑같은 인격을 유지하는 건 상당히 어려운 일이고 대부분의 고민은 인간관계에서 시작되기 때문에 우리 인생에서 발생하는 거의 대부분의 문제들은 사람과 연관되게 되어 있다.

그런 만큼 사람의 본성을 끊임없이 연구해 온 과거 철학자들의 고찰이 더 나은 인생을 살기 위한 실마리가 되어 줄 수밖에 없을 것이다. 이러한 이유로 인해 사람 간의 관계는 점점 더 복잡해지며, 시간이 지나도 사람을 통해 스트레스를 받는 상황이 생기는 것은 불가피하기 때문에 페르소나의 부활을 피할 수 없을 것이다. 따라서 진정한 모습을 보여줄 사람은 단연코 가족밖에 없을 것이다. 현시대는 이러한 특징들을 가지고 있다.

현재 우리는 코로나 시대를 경험하고 있으며, 이는 이전과는 다르다는 것을 인지해야 한다. 이러한 특징을 잘 파악하여 본인의 방향성을 잡고 나아가야 한다. 시대적 배경은 우리에게 길잡이로서의 역할을 하기 때문에 주의 깊게 관찰할 필요가 있다.

페르소나(persona)

사회 역할이나 배우에 의해 연기되는 등장인물이다. 이 단어는 원래 연극에서 쓰이는 탈(mask; character)을 뜻하는 라틴어에서 유래됐다. 동일한 개인은 배우처럼 때로는 같은 법정 출두에서 각각 자신의 법적 특성으로, 서로 다른 역할을 연기할 수 있다. 페르소나는 가면을 뜻하는 희랍어로 개인이 사회적 요구들에 대한 반응으로서 밖으로 표출하는 공적 얼굴이다. 특히, 실제 성격과는 다르지만, 다른 사람들의 눈에 비치는 한 개인의 모습을 의미한다. 참고로, 페르소나는 영화 등에서 감독이 '자신의 분신처럼 아끼고 사랑하는 배우'를 뜻한다.

출처 : 위키백과

산업혁명 이후의 시대

————

코로나로 인해 재택근무가 증가하고 집에서 생활이 가능한 비대면 시대가 찾아오게 되면서 4차 산업혁명의 진행이 예상보다 빠르게 이루어지고 있다는 사실을 알게 되었을 것이다. 이를 과거의 산업혁명과 비교해보면 자연스럽게 산업혁명에 대한 이해도도 높아질 것이다. 과거의 산업혁명은 신항로 개발 이후에 일어나게 되었으며, 산업혁명이 일어나면서 인구가 증가하게 된다. 이로 인해 상품 수요가 급증하고, 선대제와 같은 중세적인 길드 체제는 매뉴팩처 체제로 변화되었고, 공장제 기계 공업이 등장하게 된다.

영국에서 처음 산업혁명이 일어난 18세기 후반에도 인구가 증가하였으며, 식민지 쟁탈전에서의 승리로 국내 시장뿐만 아니라 해외 시장도 확보하게 된다. 또한 제2차 인클로저 운동으로 풍부한 노동력을 얻게 되었고, 철과 석탄 등의 지하자원이 풍부해지면서 산업 발전에 필요한 자원을 보다 쉽게 확보할 수 있게 된다. 이는 공장제 기계 공업이 확산되어 면직 공업의 발달로 이어지기도 한다.

인구의 증가와 함께 면직물 수요는 급증하였고, 방적기와 방직기의 발명으로 기계화가 촉진되며 제임스 와트의 증기 기관의 개선되면서 면직업과 제철업 등의 동력원으로도 사용되기 시작한다. 이러한 산업혁명의 발전으로 인해 새로운 계급이 생겨나기 시작하였고 일부 노동자들은 기계에 일자리를 빼앗김으로 인해 임금 체불과 저임금 등의 문제를 겪게 된다. 따라서 기계를 반대하는 러다이트 운동이 일어나기도 한다. 그러나 러다이트 운동에도 불구하고 산업혁명은 차질 없이 진행되었으며 현재도 과거와 마찬가지로 산업혁명의 발전은 급속도로 이루어지고 있다.

과거의 산업혁명은 저임금과 장시간 노동, 아동 노동 등의 문제를 안고 있었고 이로 인해 러다이트 운동 및 노동자들이 참정권과 정치적 권리를 주장하는 차티스트 운동이 일어나게 된다. 또한 노동조합의 결성을 통해 임금 인상과 노동 조건 개선을 요구하는 움직임이 나타났으며, 이러한 산업화의 부작용으로 인해 빈부격차는 심화되었다. 이와 함께 사회주의 운동도 등장하여 경쟁이 아닌 이상적인 공동체를 강조하였고 현실과 다른 꿈을 꾸기도 한다.

이러한 이전의 산업혁명과 달리, 지금의 산업혁명은 무엇을 뜻하며 앞으로 우리는 어떤 시대를 맞이하게 될 것인가.

지금의 산업혁명에서는 챗GPT가 등장하였는데 이는 인공지능의 첫걸음이다. 그러므로 단연 사고력이 중요해진다. 우리가 일상적인 활동인 물 마시기나 식사 등을 할 때는 생각을 하지 않아도 할 수 있기에 고차원적인 사고가 요구되지 않는다. 그러나 주식 투자나 이력서 작성과 같은 복잡한 문제는 단순하지 않기 때문에 이를 해결하기 위해서는 뇌를 사용하여 사고를 해야 한다.

빌 게이츠가 게으른 사람을 인재로 채용한 이야기에서, 게으른 사람은 자신이 최대한 편안하게 일할 방법을 고민하는 경향이 있다는 것을 언급하였는데, 인간은 진화 과정에서 모든 것을 이분법적으로 나누어 단순화하여 편해지기를 좋아했다. 스마트 기기의 발전으로 이러한 경향이 더욱 극대화되면서 인류는 발전해 왔다. 이러한 관점에서 보면 중등교육에서 왜 국어, 영어, 수학, 사회과 탐구 등의 과목을 배우는지 더 와닿을 것이다. 특히 수학은 연산 능력을 훈련하고 추론력을 기르는 데 큰 의의를 가진다. 수학 문제를 푸는 과정에서 어려움을 겪더라도 끝까지 추론해 낸 기억이 모여 머슬 메모리 효과를 만들게 되는 것이다. 운동으로 따지면 어떤 무게를 들 때 실패 지점을 겪더라도 그걸 계속하다 보면 근성장이 이루어지고 결국은 해낼 수 있게 되는 것이다. 수학 문제를 푸는 것도 이와 비슷하다고 할 수 있다. 결국 사고력의 가치는 높아질 것인데, 편한 방향으로만 흘러가는 세상에서 가치가 올라가는 것은 사고력이며 이것을 검증하는 과정 또한 거치게 될 것이다.

챗GPT 사례만 봐도 알고리즘이 특정 단체의 매크로에 의해 조작될 수 있듯, 이들은 단순히 인터넷에서 얻은 정보를 조합하고 연산하는 데 그칠 뿐이므로 올바르지 않은 지식을 전달할 수도 있다.

앞으로 인공지능과 함께 공존하게 되면서 글쓰기 능력, 수학 연산 능력, 문해력과 같은 사고력이 중요해질 것이며 이러한 능력은 더더욱 특권이 될 것이다. 과거에는 글을 읽는 것이 특권이었지만 산업화 시대가 되면서는 문맹률을 낮추기 위한 노력으로 모두가 문해력을 갖추게 되었다. 그러나 이제는 그 흐름을 역행하고 있으며 문해력에 가치가 생기고 있다.

현재로서는 독창성은 인간의 천부적인 권리이다. 평범함은 점차 사라질 것이다.

산업혁명은 항상 발생하였고 변화는 끊임없이 있을 것이다. 이를 알아야 기회를 포착할 수 있으며 그 기회를 잡기 위해서는 노력이 필요하다.

니힐리즘(허무주의)의 시대

———

우리 인간은 무리 생활을 시작함과 동시에 만물의 구성 요소(아르테 : 본질)가 무엇인지에 대해 궁금증을 가졌다. 이로 인해 자연에 대한 연구를 추구하는 이오니아학파가 등장하였으며, 물과 불 등이 주요한 연구 대상이 되고 피타고라스는 숫자에 본질이 있다고 주장하기도 했다. 이러한 시기를 거쳐 철기의 보급으로 살만해지니 인간은 인간에 대한 관심을 가지게 된다. 이와 함께 "인간은 무엇인가"에 대해 공부하는 사람들인 소피스트가 생겨났고 우리가 알고 있는 공자, 석가모니, 소크라테스와 같은 인물들이 등장한다.

도시국가인 아테네와 스파르타가 형성되었고, 아테네는 페르시아 전쟁으로 번영하기도 한다. 그러나 이런 영향으로 인해 인간들은 도덕적으로 타락하는 모습을 보였고, 이에 소크라테스는 소피스트와 차별점을 두어 다이몬(양심)을 강조하기도 한다.

소크라테스의 제자인 플라톤과 플라톤의 제자인 아리스토텔레스를 거쳐 스토아 로고스(인간의 본질을 다스리는 것)가 다수의 관념을, 에피쿠로스 쾌락주의가 소수의 관념을 지배하기도 했다. 이후에는 기독교가 국교로 인정받고 인간의 관념은 신학 중심의 창조론과 이원론으로 변화하기 시작한다. 즉 철학의 발전이 저조한 다크에이지 시대가 천 년간 찾아오게 된 것이다.

오랫동안의 십자군 전쟁과 흑사병으로 인해 종교적인 타락을 느낀 인간들은 육체적, 정신적으로 허약해졌으며 "인간은 과연 무엇일까?"라는 질문을 다시 생각하게 된다. 이로 인해 과거로 회귀하려는 부흥 운동이 일어나 14세기부터 16세기에는 르네상스 시대가 도래한다. 이 시기에는 루터, 칼뱅과 같은 인물들이 종교 개혁을 추진하였고 대항해시대가 열리며 자본주의가 형성되기도 했다. 사람들은 현실적이고 과학적인 사고를 하는 존재로 변해가기 시작했으며 이에 베이컨, 홉스와 같은 인물들은 경험론을 주장하였으며, 이에 반대로 데카르트나 소피노자와 같은 사상가들은 합리론을 주장한다. 그러나 종교로 인해 사람들이 지쳤다는 것만큼은 동일했다.

이렇게 산업혁명이 찾아오면서 사람들은 조금 더 현실적이고 이성적인 사고를 하는 존재로 변화하게 되지만, 두 차례의 세계 대전으로 인해 인간은 다시 소외되기 시작하였고 경험론과 합리론이 부정되기 시작하며 실존주의가 등장하게 된다. 장 사르트르가 이를 대표하며 "실존은 본질보다 앞선다.", "인생은 B와 D 사이의 C다."라는 명언을 남기기도 한다. 인간은 태어날 때부터 죽을 때까지 선택해야 하는 존재이다. 즉, 사르트르는 인간의 선택과 책임을 강조하였다.

예를 들어 연필을 생각해 보자. 연필의 본질은 글을 쓰는 것이다. 연필이 그냥 만들어졌을까? 아니다. 글을 쓰기 위해서 만들어졌다. 그렇게 연필이라는 형태가 만들어졌다. 글을 쓰기 위해 만들어진 것이 연필이고 연필은 우리가 아는 형태를 띠게 된다. 즉 본질이 실존이라는 연필의 형태를 만들게 된다. 이와 같이 모든 것은 본질이 실존에 앞서게 된다.

하지만 인간은 다르다는 것이다. 인간은 태어난 존재로서, 스스로 선택하는 존재라는 것이다. 가령 "가문에서 의사가 필요하니 무조건 우리 아이를 의사로 만들 거야."라고 하면서 아이를 낳고 의대를 보내며 인생을 설계하지 말라는 것이다. 인간은 실존에 던져진 존재니 의대를 갈지 안 갈지 공부를 할지 안 할지는 스스로 선택해야 한다는 것이다. 즉 인간을 실존에 던져진 후 본질을 구상하는 존재로 보는 것이 실존주의이다. 자기가 어떻게 인생을 살지는 자기가 정하는 것이며 인간의 본질을 구성해 줄 신은 존재하지 않는다는 것이다.

그렇다면 우리나라는 어떤 관념 속에 본질이 구성되었을까? 우리의 관념은 공자의 사상에서 계승되었다. 철기가 발전하면서 춘추전국시대가 도래하였고 이 시대도 전쟁의 시대였다. 나라가 혼란스러웠고 질서를 확립했어야 했다. 이에 공자는 인과 효제충서를 주장하며 '군군신신 부부자자'라는 보이지 않는 계급으로 질서를 확립하였다. "임금은 임금답고 신하는 신하다워야 한다. 아버지는 아버지답고 아들은 아들다워야 한다."

공자와 맹자, 순자 모두 '예법'의 중요성을 강조하며 춘추전국시대를 이끌었지만 진나라가 춘추전국시대를 통일을 하게 되면서 진시황제는 왕권을 강화하기 위해 분서갱유로 유교를 탄압하기도 한다. 그러나 진시황의 사망 이후 초한전을 거쳐 한나라가 중원을 통일하며 이후 위촉오 삼국시대와 위나라의 통일로 위진남북조 시대까지 이어진다. 이 시대 또한 혼란의 시대였다.

진나라 시대에는 유교를 탄압하면서 노자와 장자의 도가 사상이 주목을 받기 시작하였고 불교는 천천히 보급되기 시작한다. 도가 역시 춘추전국시대의 혼란 속에 등장한 사상으로 인간은 자연의 섭리에 따라 살아야 한다는 '물아일체'를 강조한다. 수나라와 당나라 시대에는 실크로드의 개방으로 인해 인도와 유럽과의 무역이 활발해지며 그 영향으로 불교가 인기를 얻었지만, 술탄 제국의 지배로 인해 인도에 이슬람 문화가 형성되면서 실크로드는 차단되었다. 그러자 송나라 때는 불교의 영향이 줄어들며 유교를 재해석하기 시작한다.

이렇게 등장한 것이 주희(주자)의 성리학이다. 송나라는 태평성대를 맞이한 시대로 유교의 개념에 우주라는 개념과 '기'라는 개념을 포함한 성리학을 전파하였으며, 세계 최초로 지폐를 발행하여 문화정치를 하기도 한다. 이로 인해 송나라 시대에는 성리학이 우리나라에도 전파되었고, 이이와 이황 등의 인물이 성리학의 영향을 받게 된다. 성리학은 우리가 알고 있는 유교 사상과 유사하며 철학적으로 인의예지, 사단(수오지심, 측은지심, 사양지심, 시비지심), 칠정(희노애락애오욕, 기쁨, 노여움, 슬픔, 즐거움, 사랑, 증오, 욕구) 속 우주(이기이원론) 등의 개념을 포함한다.

우리나라는 18세기까지 성리학이 지속되었으며 그 후에 실생활의 유용성을 강조하는 실학이 등장했다. 이후에는 신분제 폐지와 평등을 강조하는 동학사상이 퍼지고 평등을 강조하진 않지만 외세를 무찌르며 성리학을 지키자는 위정척사 운동도 일어나게 된다. 또한 개화사상도 등장하면서 우리나라를 외세에 개방하자는 이념도 등장한다.

우리나라는 유교와 성리학이 지배적인 영향을 미쳤기 때문에 현재까지도 유교와 성리학의 관념은 깊이 뿌리 내리고 있는

데, 경제 발전과 자본주의의 영향으로 서양과 육체적, 정신적으로 키 맞추기가 빠르게 진행되고 있다.

** 그렇게 지금의 니힐리즘 시대에 도래한다 **

종래에는 일반적으로 인정되어 온 생활상의 가치나 이상, 도덕 규범, 문화, 생활양식 등을 전적으로 부정하는 견해로 알려진 니힐리즘, 즉 허무주의가 등장한다. 이는 니체가 최초로 사용하기 시작한 개념으로 염세주의(비판적 시선)와 니르바나(죽음), 무, 비존재 등의 키워드들과 함께 등장한다.

이런 허무주의가 지금 시대에 도달하여 '아무것도 중요하지 않다.'라는 것을 의미하게 되었으며, 이는 능동적인 허무주의와 수동적인 허무주의로 구분된다. 그러나 우리나라에는 지금까지 이어온 유교적, 성리학적 배경으로 인해 능동적 허무주의가 나오기 어려운 환경에 갇혀있게 되어 수동적 허무주의에 갇혀 살게 된다.

우리는 본능적으로 무리에 끼지 못하고 동떨어진 행동을 보이는 사람을 배척하는 경향이 있다. 따라서 본능적으로 무리에서 배척될 가능성을 두려워한다. 그렇게 결국 수동적 허무주의적 견해를 굳히지 못한 채 세상의 다른 면은 보지 못하고 우물 안에 갇혀 살게 된다. 어떻게 보면 이는 동물의 본능일 수도 있다. 이러한 수동적 허무주의는 어떤 일의 목적에 있어 큰 허무함을 느끼고 삶이 무가치하다고 느끼게 되고 결국 나조차 나를 지양해버리게 된다. 이런 경우 체념과 저항을 반복하며 부정하는 행위를 삶의 목적으로 삼게 될 수 있다.

이에 반해 능동적 허무주의는 내가 지금까지 추구해 왔던 가치와 현실을 받아들이고 이 과정 또한 자신의 정신을 성장시킬 수 있는 하나의 발판으로 삼는 것이다. 그리하여 자신이 지금까지 추구해 온 환상과도 같은 세계를 더는 좇지 않고 새로운 창조를 준비하는 힘이다. 허무주의가 발생하는 것 또한 기존의 가치에 대해 더 이상 수긍하지 못하는 최고 가치의 탈가치현상으로 발생하는 것이니 자신이 납득할 만한 새로운 세상을 찾기 전에는 어쩌면 이러한 병리적 상태가 지속할 수 있다고 니체는 경고한다.

즉 능동적 허무주의는 현시대 철학에 가장 적합하며, 아무것도 중요하지 않기 때문에 원하는 모든 것에 가치를 부여할 수 있게 된다. 따라서 비디오 게임을 하거나 만화책을 읽느라 인생을 낭비했다고 느낄 필요가 없는 것이다. 그것은 단지 나를 행복하게 만들었을 뿐이다. 그래서 중요한 것이다. 그리고 그것이 나에게 중요한 것이면 나도 중요한 것이다. 결국 나는 죽고 인생에서 나에 대한 모든 것이 삭제된다. 하지만 그동안 할 일은 너무나 많다. 원하는 것은 무엇이든 만들 수 있고 세계를 탐구할 수 있으며 매우 발전되고 성장할 수 있다. 결국엔 다 사라지겠지만 그럼에도 '이 삶이 지속되는 동안 재미있었고 그만한 가치가 있었다'라는 것에 의미가 있는 것이다. 이렇듯 우리는 수동적인 사고 관념에서 벗어나서 능동적인 사고 관념을 가질 필요가 있다.

나 역시 우주적 관점에서 봤을 때 절대적인 관념은 존재하지 않는다고 생각한다. 오로지 인간이 만든 관념만이 존재할 뿐이다. 따라서 나의 정신에 어떠한 제한도 두지 않는다. 즉 내가 하지 못하는 것은 존재하지 않는다는 것이다. 우주는 오로지 물질과 물리적인 힘에서 만들어졌고 질서는 우리와 같은 인간이 만들어낸 개념일 뿐이다. 도덕이나 윤리 같은 사상도 마찬가지이다. 이것이 현대 철학의 허무주의, 즉 나힐리즘이다.

허무주의는 무엇을 정답이고 정답이 아닌 것인지, 또는 무엇이 맞거나 틀린 것인지를 정의하는 순간부터 만들어진 관념이 되어버리고 다른 정답을 도출할 수 있게 되기 때문에 '무(無)'라고 표현될 수 있지 않을까? 이런 허무주의적 생각은 인간의 살아가는 이유인 "나는 생각한다. 고로 존재한다."처럼 존재감에서 존재적 위기감을 느낄 수도 있다. 하지만 허무주의적 관념은 편견에 있으며 편협에도 있다.

시시포스(고대 그리스어: Σίσυφος['sɪsɪfəs], 라틴어: Sisyphus)

고대 그리스 신화의 인물이다. 신들을 기만한 죄로 산 정상으로 바위를 밀어 올리는 벌을 받게 된다. 바위는 정상에 오면 다시 아래로 굴러떨어지기 때문에 처음부터 다시 올려야 하는 영원한 노동이다. 바로 이 무의미함이 인간의 삶과 똑같다. 매일 먹고 싸고 자고 먹고 싸고 자고 그저 그뿐이다. 시시포스의 형벌 자체를 묘사한 사람이 시시포스의 형벌을 통해 인간의 삶을 표현한 것이다.

출처 : 나무위키

chapter 06

종교의 중요성

종교를 배워야 하는 이유

———

불과 몇 년 전, 튀르키예에서 '괴베클리 테베'가 발견되었으며 이는 방사성탄소연대측정법을 통해 1만 2천 년 전에 지어진 유적임이 확인되었다. 일반적으로 문명은 신석기 시대 이후에 등장했다고 여겨져 왔기 때문에 신석기 시대는 약 6천 년 전으로 여겨졌으나, 이 유적은 1만 2천 년 전에 기하학 문양과 섬세한 조각이 새겨진 특정 용도를 가진 건축물로 만들어진 것임이 밝혀져 세간의 큰 관심을 끌었다.

놀라운 것은 '괴베클리 테베'의 용도가 '종교'였다는 것이다. 이는 종교가 인간의 본질과 매우 관련이 깊다는 것을 보여준다. 종교를 공부해야 하는 이유를 보여주는 사례이기도 하며, 인간과 종교는 밀접한 연관성을 가지고 있다는 점도 알 수 있다.

기존 집단 사회가 형성되기 전에는 수렵과 채집(구석기 시대)을 거쳐 집단생활을 위한 농경이 시작되었고, 그 후 종교가 형성된 것으로 알려져 왔다. 그런데 괴페클리 테페 유적 조사 결과, 농경 시작 전부터 이미 종교가 존재했음을 알 수 있게 된 것이다. 따라서 추측성이긴 하지만 기존에 발전한 문명과 인류가 어떤 이유로 인해 소멸하거나 리셋되었고, 소수의 사람들만이 남아 괴베클리 테베와 같은 유적을 건설하였으며, 따라서 문명을 형성한 인류가 최소 한 번은 리셋되었고, 자연환경 등의 급변이 그 이유였을 것이라는 추측들이 힘을 받기도 하였다.

이렇듯 종교와 인간은 매우 밀접한 연관성을 가지고 있기 때문에 돈의 역사를 이해하기 위해서는 종교를 알아야 한다. 여러 종교는 이미 존재하며 구석기와 신석기 시대를 거쳤지만, 종교가 확장을 시작한 시기는 청동기 시대를 거친 철기 시대였다. 따라서 종교 이야기는 철기 시대에서부터 시작하게 된다.

불의 발달로 인해 철기 시대가 도래하면서 문명도 빠르게 확장하기 시작한다. 철기로 만들어진 농기구가 개발되어 농업이 발전하였지만, 동시에 철기를 이용한 무기도 개발되어 전쟁이 활발해지기 시작한다. 이에 사람들은 그룹과 그룹, 국가와 국가 간에 무차별적인 전쟁으로 인해 서로 죽이게 되는 상황이 발생하였고, 이러한 상황에서 종교는 확장된다. 종교뿐만 아니라 철학도 마찬가지다. 사람들은 죽음을 두려워하게 되었고, 신이라는 존재를 믿게 되었다. 그리고 무질서한 시대를 바로잡기 위해 종교의 신념과 철학을 통해 질서를 통일하고 계급을 만들어야만 했다.

인도의 인더스 문명에서 시작된 힌두교의 카스트제도나 중국의 황하에서 시작된 공자의 유교 사상, 불교의 평등과 같은 것들이 질서를 구축하기 위해 만들어진 것들의 대표적인 예이다.

뿐만 아니라 모든 사람은 자신이 살아본 배경에 따라 본질이 형성되고 그것의 영향을 받게 된다. 이러한 배경은 때로는 무서운 무언가가 될 수도 있다. 유대인이 계속해서 패권을 유지할 수 있었던 이유도 이러한 배경 때문이기도 하다.

한 예로 튀르키예를 들 수 있다. 튀르키예는 현재 이슬람 국가로, 사람들의 관념이 이슬람의 율법 중심으로 형성되어 있다. 현재 튀르키예는 대부분 이스탄불이라는 도시의 관광 수입에 의존하여 나라를 유지하고 있지만 코로나로 인해 관광 수입이 줄어들면서 경기가 침체되고 은행 디폴트 상황이 발생하게 된다. 나라의 경제가 악화되면서 경기는 더욱 침체되었고 디폴트 상황이 겹치면서 자국 통화인 리라화의 가치는 하락해 물가는 급등하게 되었다. 자국 화폐의 하락 속도보다 물가의 상승 속도가 더 빠를 때, 국민은 나라가 망해가고 있는 것을 체감하게 된다.

이러한 인플레이션(물가상승)을 막기 위해 튀르키예는 금리인상(화폐가치 상승)을 단행하며 심지어 금리를 20% 가까이 올리게 된다. 그러나 이슬람을 믿는 무슬림들은 이슬람 율법에서 돈에 이자를 매기는 것을 결코 좋게 보지 않았기에 이러한 정책을 단행하는 나라에 반박하게 된다. 튀르키예는 무슬림이 99%를 차지하는 나라인데다가 대통령 선거가 얼마 남지 않은 상황에서 정부는 이 문제를 간과할 수 없었다. 따라서 물가가 오름에도 금리를 낮추려는 시도를 강행하려 한다. 이는 인기를 얻기 위해 대중의 의견을 따르는 전형적인 포퓰리즘의 정치 방식이다.

무슬림들이 자국의 경제를 신경 쓰면서 나라에 반박했을까? 경제를 알았다면 반박했을까? 그들은 단지 그들이 살아가면서 배운 율법을 알았을 뿐이다. 그들이 살아가는 배경에서 율법이 그들의 삶의 배경이 되었기 때문이다. 무슬림들이 무식해서 이런 행동을 했을까? 아니다. 단지 무슬림들의 배경이 종교적인 이념에 근거하여 형성되었기 때문에 종교적인 가치와 신념을 중요시한 것이다.

또 다른 예시로 파키스탄을 들 수 있다. 파키스탄도 이슬람 국가로 종교적인 가치와 율법을 중요시하는 나라이며 파키스탄이라는 단어의 뜻 자체가 '순수한 나라'라는 뜻일 만큼 파키스탄의 사람들은 평등과 순수함을 가지고 상호 간의 관계를 지향하는 모습을 보여주기도 한다. 내 것을 베풀려 하고 크게 욕심도 없다. 삶의 목적이나 행복을 타인이 아닌 나에게서 찾는다. 상대방의 칭찬이 나를 행복하게 한다고 상대방의 칭찬을 좇는 것이 아니라 상대방이 나를 왜 칭찬했는지 나를 돌아봐야 하는 것을 가르쳐준다. 상대방에 초점을 두어 나를 상대방에 맞추는 게 아니라 나에게 초점을 맞춘다. 그러니 베풀 때 행복함이 묻어있다. 이슬람 율법이 그렇다. 그러나 파키스탄의 실제 상황은 부유하지 못하며 가난하기까지 하다. 또한 개인과 사회의 다양한 요소들이 복잡하게 작용하여 현실적인 문제와 직면하고 있다. 하지만 파키스탄은 행복이 무엇인지, 평등과 순수의 뜻이 무엇인지를 알 수 있는 좋은 예시다.

세상은 다양한 양면성을 가지고 있다. 행복하고자 부를 얻으려 한다면 행복은 부와는 상관이 없다는 것을 알려주고 있다. 가진 것이, 바라는 것이 평등하다면 행복하다는 것이다. 하지만 우리의 현실은 그럴 수 없기 때문에 이와 비슷한 방법으로 남과 비교하지 않는 것이 행복의 첫걸음이 될 수 있다.

다시 튀르키예에 대해 이야기해보자. 부모가 특정 종교를 믿는다면 자녀도 해당 종교를 믿을 확률이 높아지는 것이 일반적이다. 종교는 가정환경을 통해 전달되며, 주변 사람들이 같은 종교를 믿는다면 자연스럽게 그들의 영향을 받는 경우가 많다. 그렇기 때문에 나도 모르게 편협된 세상을 바라보게 되는 것이다. 그러나 99%가 이슬람을 믿어도 믿지 않는 1%가 있다. 1%의 대부분은 이스탄불에 거주하며 부유한 이들인데, 이들은 이슬람 종교를 좋아하지 않는다. 성인이 되기 전까지는 이슬람을 믿었지만 현재는 이슬람을 싫어하는 사람들이 생기고 있다. 정보가 활성화되면서 정보의 차이가 빈부격차를 만들고 있는 것이다.

이게 현재의 일이다. 이란의 경우도 이슬람국가이며 '이슬람 혁명'이 있기 전 20세기 중반까지만 해도 팔레비 왕조가 들어서면서 여성의 지위를 높이기 위해 히잡을 쓰지 말라고 권장했다. 그렇게 여성의 대우는 높아졌고 여성들은 평등한 대우를 받았다. 하지만 팔레비 왕조가 무능력하고 사치를 부렸기에 이슬람 혁명이 일어났다. 그렇게 이란은 스스로 히잡을 썼고 이슬람의 늪에 빠졌다.

'이전에 무엇을 했다. 그런데 그 무엇에 불만으로 혁명이 일어났다. 혁명을 해보니 혁명이 마음에 안 든다. 그러면 처음으로 다시 돌아간다.' 이게 인간이다. 그렇게 이란은 또 히잡을 벗고 싶어 한다. 본질을 알았으면 역사는 반복되지 않았을 것이다. 배경과 역사는 인류의 선택과 행동을 형성하는 데에 큰 영향을 미치게 되며 이전에 경험한 사건이나 불만, 혁명 등은 개인과 집단의 의식과 행동에 영향을 미칠 수 있다.

그렇게 보면 우리나라는 평등함 속에서 고요한 상태에 있는 게 아닌가. 이는 생각보다 우리나라가 빈부격차가 크지 않다는 말이 될 수도 있고 길이 열려 있다는 말이 될 수도 있다. 우리는 대한민국에 태어났다는 것에 감사해야 한다. 평등과 불평등이 무엇인지 구별하고 인지할 수 있는 사고를 누구나 배우며 자랐다. 즉 우리나라만큼 공부하면 살기 좋은 나라가 없다는 것이다.

chapter 07

필연적 편협 |3가지의 행운|

역사는 미래를 비추는 거울이다.

———

역사는 미래는 비추는 거울이기 때문에 역사를 통해 본질을 깨우치는 것은 매우 중요한 요소 중에 하나이며 새로운 시각을 깨우칠 수 있는 통찰력을 얻는 방법이기도 하다.

재테크에서 주식이나 부동산과 같은 것들도 결국 사고 파는 행위를 통해 가격이 형성되는데, 사람들이 왜 그것을 구매하는지, 왜 그것에 열광하는지에 대한 심리적인 요소가 가격 형성에 영향을 미친다. 그만큼 사람의 심리가 중요하다는 것이며, 사람과 사람 사이에서 이루어지는 행위를 통해 사람을 이해하는 것은 중요하다.

또한 사람의 기준을 부와 연관 지어 본다면 지금 세상에서 가장 영향력을 가지고 있는 사람은 누구일까? 유대인을 떠올릴 수 있을 것이다. 유대인이 세계 패권을 장악하고 있기 때문이다.

그렇다면 유대인은 어떻게 부자가 되었을까? 유대인이 부자가 되고 싶어서 부자가 되었을까? 사람은 살기 위해 존재하기 때문에 살기 위해 가능성을 끌어올린다. 이렇게 영향력을 갖게 된 유대인도 살기 위해 부를 추구했으며, 기독교로부터 박해를 당했기 때문에 도망 다녔어야 했고 살 곳이 있어야 했다. 유대인이라는 이유만으로도 신분이 낮아진 시대적 배경 속에서 천민들만이 할 수 있었던 상업과 유통이라는 직업을 가지고 삶을 살아갔을 뿐이었다. 어떻게든 먹고 살아야 했기 때문에.

유대인들은 살기 위해 미리 피난 갈 곳을 파악해야 했기에 집단과 집단끼리 커뮤니케이션을 형성하며 정보를 교환하였고 유통을 장악하는 데 성공한다. 이렇게 유대인들의 상업 활동은 종합적으로 각 나라의 유통을 조율하게 되었다.

'유대교를 박해했기 때문에 기독교는 나쁜 종교일까?'에 대한 논의에서는 유대교가 기독교에 행한 차별이 있었다는 점을 생각해야 한다. 다만 차별받은 기간이 유대교가 더 길었을 뿐이다. 결국 유대교가 부자가 된 이유는 '살기 위해서'가 그 답이 될 것이다.

이와 같은 예시만으로도 '살기 위함'은 인간의 본질이며 본능이고, 따라서 '살기 위함'이라는 동기부여는 나의 삶에 맞게끔 찾아야 하며 나에게 맞는 공부법으로 공부해야 하는 것이다. 이렇게 모든 정답은 사람에게 있고 사람에 의해 모든 것이 흐르기 때문에 인문학과 역사는 필수적인 공부 방법이 된다.

인문학을 공부함에 있어서는 "역사는 반복된다."라는 사실이 가슴 속에 못 박혀있어야 한다. 사람들은 간사하기 때문에 역사가 반복되는 원인과 이유가 가슴 속에 철저하게 못 박혀있지 않으면 주변 영향에 휩쓸리기 쉽고, 안일함을 추구하기 쉽다.

금리를 예로 들어보자. 과거에도 금리는 인상되거나 인하되었다. 1980년대를 보아도 폴 볼커가 금리 인상을 강행하며 물가는 지속적으로 낮아졌고 금리 인상이 성공한 것으로 여겨졌다. 그렇게 섣부른 금리 인하가 진행되었고 인간의 탐욕이 더해져 물가는 급격하게 상승하기 시작한다. 섣불리 금리 인하를 강행한 것을 인지한 폴 볼커는 금리를 물가지수보다 높게 올리고 그러한 조치를 상당 기간 동안 지속한다.

현재도 마찬가지일 것이다. 물가지수보다 금리는 높게 유지될 것이며, 쉽게 인하되지 않을 것이다. 하지만 사람은 탐욕스럽고 간사하기에 금리 인하에만 초점을 맞추며 미리 반응할 것이다. 그렇게 "지금 주식을 사야 하는 것 아니야?" 하는 생각이 생기며, 누구나 알고 있는 역사를 복기하지 않게 된다. 이러한 과정을 통해 역사가 반복되는 것이다. "허영심은 역사를 반복하는 도구로 작용한다." 어쩌면 누군가에게는 뻔한 결과일 것이다.

유발 하라리의 책 '사피엔스'를 읽다 보면 인간이 밀을 지배했는지 밀이 인간을 지배했는지에 대한 내용이 나온다. 인간은 밀에 지배를 당했음에도 '왜 계속 밀을 재배했는가'를 깨닫는 데까지는 생각보다 오랜 시간이 걸렸고, 이때는 이미 때가 늦었다는 내용이 나온다. 즉 '생각의 곧음'을 얻었다고 해도 바로 깨달음을 얻는 것도 아니고, 시대적 배경이 깨달음을 방해하기도 하며, 깨달음을 다음 세대에 전파하기에는 사람의 수명은 짧다는 것이다. 깨달음을 얻는 것이 늦고, 깨달음을 얻었다고 해도 사람은 결국 죽게 된다. 성인 이후의 생각을 가지고 다음 세대에 온전히 전파하기에는 사람의 수명은 충분하지 않다는 것이다. 그렇기에, 역사는 반복된다.

이러한 사실을 가슴 속에 깊이 새겨야 한다. 역사는 반복되는 것은 누구나 알고 있는 사실이지만, 역사가 반복된다는 말을 듣는 것만으로 이를 온전히 이해하기는 어렵다. 그래서 공부가 필요하다.

다른 예시로는 2,000년 전 로마 제국이라는 독자적인 나라를 들 수 있겠다. 로마 제국은 세계 무역의 중심지로 다양한 상품들이 거래되었는데, 로마의 영토가 넓어지고 힘이 강해질수록 상품은 더욱 많아졌다. 하지만 문제가 발생했다. 상품은 있지만 그것을 구매할 수 있는 화폐가 없었다는 것이었다.

당시 로마는 은화인 '데나리우스'를 사용하고 있었는데, 이것은 현대의 종이 화폐와 달리 즉각적으로 찍어낼 수 없었다. 또한 은화는 실물의 가치를 갖고 있었기 때문에 늘어나는 시장 상품에 맞춰 수급이 원활하지 못했고 그 결과, 화폐가 시장에 돌지 못하면서 경기가 침체되는 상황이 발생했다. 몸에 피가 부족하면 조직이 썩어버리는 것처럼 경제도 과거나 지금이나 동일했고, 이때는 원시시대처럼 물물교환을 할 수도 없는 노릇이었다.

이에 로마 황제 네로는 돈을 찍어내는 최초의 '양적완화'를 시작한다. 이는 은화의 평가를 절하시켜 통화량을 늘리는 것으로, 처음에는 은화에서 은의 함량의 10% 정도 줄였다. 즉 통화량을 약 1.1배로 늘리는 것에 불과했지만 사람들은 한 번 방향이 정해지면 반대로 가기 어렵다. 처음이 어려울 뿐이다. 한 번 찍어내면 두 번은 쉽다. 미국도 금융위기 때 한 번 양적완화를 경험한 후로는 경제가 어려울 때마다 돈을 찍어서 문제를 해결하려고 하는 경향이 있는 것처럼, 기원후 60년 정도에 시행된 로마의 양적완화는 현재와 비슷한 양상을 보였다. 이렇게 세대를 거듭할수록 양적완화는 심해져서 로마의 경제체제는 상품을 생산하는 수출국에서 화폐만 수출하는 순 수입국으로 변하게 된다. 그리고 기원후 260년 정도가 지난 시기에는 로마의 은화인 데나리우스의 가치가 매우 낮아졌고 200년 만에 돈의 가치는 약 1/50로 줄어들어 그 후로는 더욱 빨리 가치가 떨어지게 된다. 이런 역사의 사례를 통해 우리는 역사가 반복된다는 것을 알 수 있다.

이 또한 현재의 상황과 크게 다르지 않다. 화폐 가치의 하락으로 인해 양극화가 더 심해지는 것은 당연한 결과이다. 월급을 받는 시민들은 가난해지고, 자산을 많이 가진 귀족들은 더욱 부를 쌓게 되었다. 로마는 인플레이션에 시달리며 물가가 통제 불능의 상태가 되었다. 역사는 미래를 예측하는 거울이라고 했기에, 다음 이야기는 앞으로 우리의 미래와 비슷할 것이다. 하지만 역사가 반복된다는 사실만으로 이 모든 것을 충분히 이해하기는 어렵다.

데나리우스 은화의 가치가 하락하면서 로마의 경제는 어려움에 빠졌고 이에 디오클레티아누스 황제는 최고가격령을 선포하여 물건에 최고 가격을 정하여 가격을 통제하게 된다. 하지만 이러한 시도는 실패하였고 로마는 심한 인플레이션에 시달리며 물가를 통제할 수 없는 상태가 되었다. 디오클레티아누스 황제는 순도 100%의 아르겐테우스 은화를 만들어 통화 시스템을 안정시키려 하지만 은 수급이 어려워 실패하게 된다.

화폐 가치가 없어지면서 군인들은 월급으로 은화가 아닌 현물을 요구하였고 이에 자연스럽게 국방력은 약화되어 로마 분열의 원인이 된다. 전쟁이 발발하였고 사람들은 통화에 대한 신뢰를 잃고 상품화폐를 사용하는 상황이 발생한다. 간단히 말해, 돈이 돈의 역할을 하지 못해 금이나 은과 같은 귀금속에 무게를 달아 물물교환을 시작하게 된 것이다. 자산 가격은 상승할 수 있겠지만 물가가 더욱 상승하여 사람들은 고통을 겪게 되었고 정부는 가격통제령과 같은 강제적인 시장 통제를 하지만 실패했다. 몇 차례의 통화개혁을 했지만 이미 상실한 신뢰를 다시 회복하기는 어려웠다.

역사는 현재의 시대적 배경 속에서 선택의 폭을 넓혀준다.

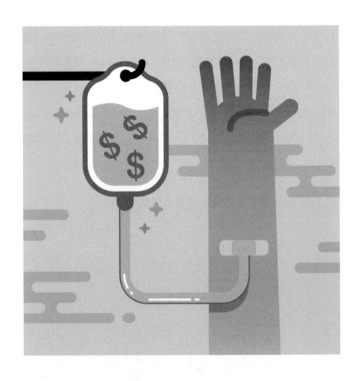

유대인 이야기(시대적 배경)

———

"다수가 소수를 지배하는 세상에서 소수가 소수를 지배하는 세상으로"

우연이라는 것은 존재하지 않는다. 그럴 수밖에 없는 상황이 필연을 만들었고 인간의 본능은 생존이기에 자연스러운 이치로 무엇인가가 만들어진다. 유대인도 그렇다.

옛날 아주 옛날, 예수가 탄생하기 전 대부분의 사람들은 유대교를 믿고 있었으며 그 신자를 유다, 즉 유대인이라고 불렸다. 유대인들은 종교 이념에 따라 하나의 신만을 믿으며 천지 만물의 창조자인 유일신 야훼를 신봉하였고 자신들을 신에게 선택받은 민족으로 자처하기도 한다.

그렇게 유대인들은 황제를 숭배하지 않는 대신 로마 황제의 주권을 인정하였으며 황제를 위한 기도를 하고 어떤 일이 발생하면 로마 제국에 충성을 다 할 것을 약속한다. 또한 유대인들은 유대인세라는 특별세금도 내며 친로마적인 모습을 보여주었고 이로 인해 로마 제국은 유대교를 합법적인 종교로 인정한다. 이로써 유대교는 로마 사회에 잘 융합되었다.

그러나 다수가 소수를 지배하는 경우에는 권력과 패권이 생기는 경향이 있기에 유대교에서도 권력과 부패가 생겨난다. 또한 유대교는 종교이기 때문에 종교적인 질서, 즉 율법이 존재했고 이런 율법은 누구에게나 마음에 드는 것이 아니었다. 권력층에서의 부패는 옛날이나 지금이나 변함없는 현상이었고, 불평등에 대한 반발도 옛날이나 지금이나 변함이 없다.

이런 상황 속에서 예수라는 존재가 나타난다. 예수가 특별했던 이유는 '아닌 것은 아니다'라고 말할 수 있는 사람이었기 때문이었고, 엉클어진 질서 속에서 누군가에게는 빛이 될 수밖에 없었기 때문이다. 이런 것들을 보여주듯 예수는 물을 포도주로 바꾸었고 병든 자와 눈먼 자를 치유했으며 보리빵 5개와 물고기 2마리로 5천 명을 먹이며 오병이어의 기적을 보여주기도 한다. 예수는 놀라운 기적들을 행하였으며 배우기를 간절히 원하는 사람들에게는 진리를 가르치면서 많은 이들이 예수를 믿게 된다. 이로 인해 예수는 신성화되었고 예수를 따르는 사람들도 점점 많아졌다.

하지만 예수의 가르침은 로마인들의 세계관과는 달랐는데, 이것은 하느님의 개념이었다. 예수는 하나님이 왕이 되는 세상을 만들기 위해 노력했으며 모든 사람들이 하느님의 자녀이고 누구나 구원받을 수 있는 세상을 만들고자 했다. 그래서 예수는 하느님을 신성한 존재로 여기고 로마 황제를 부정하기 시작했으며 황제를 숭배하지 않았다.

또한 유대 땅을 중심으로 가르침을 전파한 예수는 유대 기득권 세력들과 지도자들에게도 탐탁지 않은 존재가 되었는데 그 이유는 유대 땅은 페르시아족과 셀레우코스 왕조 그리고 로마 제국까지 오랫동안 지배를 받아왔기 때문에 하느님이 메시아를 보내 유대 땅을 독립시킬 것이라는 믿음이 있었기 때문이었다. 따라서 유대 백성들은 예수를 메시아로 여겼으며 예수 때문에 로마 제국에 반란이 생기고 전쟁이 발발되면 대재앙이 일어날 수 있다는 의미였다.

또 다른 이유는 예수의 새로운 율법 때문이기도 했다. 기존 율법은 하느님이 모세를 통해 유대 백성에게 명령한 종교 및 생활 규칙으로 십계명을 포함하는 것이다. 유대인들은 이 율법을 목숨처럼 생각하였지만 예수는 율법에 다른 방식으로 접근하였다. 기존 율법은 안식일은 하느님이 천지 창조 시 제7일에 쉬셨다는 것을 기원으로 하여 모든 유대인은 이날 일을 멈추고 쉬는 것을 원칙으로 하였다. 하지만 예수는 이런 안식일에 가만히 있지 않고 다른 사람들을 이롭게 하는 행동을 하는 것이 가능하다는 가르침을 주며 율법에 기계적으로 얽매이는 것은 형식에 불과하다고 주장했다.

　　유대 지도자들은 이러한 예수의 행동이 정통 율법에 어긋난다고 보았으며 유대교를 파괴하려 하는 행위라고 판단한다. 이로 인해 예수는 메시아를 사칭하고 다녔다는 이유로 로마 총독에게 고발당하고 재판을 받게 되었으며 결국 사형이 선고되어 십자가형에 처해지게 된다. 예수는 유대교의 문제점을 솔직하게 지적하는 인물이었다. 예수를 좋게 생각한 사람들은 그를 추종하여 모이게 되었는데 베드로, 시몬과 같은 이러한 인물들은 열두제자로 불렸다.

　　이렇게 예수의 가르침에 따라 기독교라는 종교가 탄생하게 되지만 늘 그렇듯 소수는 다수에 의해 억압당하는 상황을 맞이한다. 유대교가 기독교를 인정하지 않았기에 기독교는 유대교의 억압을 받았다. 그러나 4세기, 4두 정치를 청산하며 로마 제국을 재건한 콘스탄티누스 1세에 의해 기독교는 공식적으로 인정받게 되며 상황이 역전된다. 이때부터의 기독교는 발전을 이루게 되었고 예수를 죽였다는 이유로 유대교를 박해하기 시작한다. 그렇게 기독교를 박해하던 유대교가 오히려 박해를 당하기 시작한 것이 어쩌면 유대교의 부의 시작을 알리는 아이러니한 일이 생기게 된 것이다.

추방과 재앙을 겪으며 가나안 땅에서 추방된 유대인들은 이집트와 북아프리카를 거쳐 상업이 발달되고 기후가 좋은 이베리아반도로 모이기 시작한다. 구약성서에 나오는 "남쪽 유다의 성읍을 차지하기 전에 유대인들이 모여 있을 곳"이라고 하는 스바랏을 이베리아반도가 있는 지역이라고 해석했기 때문이다.

이베리아반도를 차지하고 있던 이슬람 국가들은 유대인을 좋아하진 않았지만, 이들이 이슬람 아브라함의 큰아들인 이스마엘의 후손들이라는 생각으로 유대인들을 받아들이게 된다. 이로 인해 유대인과 이슬람 국가들은 이베리아반도에서 함께 살게 되었고 이슬람교는 예수를 무함마드 이전의 예언자 중 하나로 인식하여 악한 감정이 없었기 때문에 유대인들을 아브라함의 후손으로 대우하였다. 이렇게 이베리아반도는 세계 유대인들이 모이는 지역이 된다.

그러나 1492년, 에스파냐 왕국이 이슬람을 몰아내고 이베리아반도를 차지한 후, 알함브라 칙령을 발표하며 유대인을 추방시키기 시작한다. 추방은 종교적인 이유뿐만 아니라 경제적인 이유도 종합적으로 작용했으며 에스파냐 왕국은 유대인들의 재산을 필요로 했고, 보상금이 그 목적 중 하나이다 보니 유대인들은 개종을 하거나 아니면 에스파냐 왕국을 떠나야 했다. 알함브라 칙령은 유대인들이 국가에서 정한 품목인 금과 은, 화폐 등을 가지고 나가지 못하도록 금지한 칙령이었다.

이 당시 에스파냐 왕국의 인구는 700만 명 정도였으나 유대인이 50만 명 정도였고 나라를 떠나는 유대인들은 법의 허점을 이용하여 재산을 보석 등의 귀중품으로 변환해 나라를 떠나게 된다. 몇몇은 개종을 한 후 스페인에 남았지만 대부분은 인접 국가인 포르투갈로 이동하였다.

일부의 유대인들은 벨기에 앤트워프로 이동하게 되는데, 유대인들이 가지고 간 보석들을 바탕으로 보석 거래가 시작되었고 앤트워프는 현재까지 전 세계 다이아몬드 원석의 84%가 집결되어 가공되는 국제 보석 거래의 중심지가 되었다. 유대인의 영향력은 그 당시에도 어마무시했다.

유대인들은 예로부터 항상 신변의 위험을 염두에 두며 재산을 현금과 가벼운 귀중품인 보석과 채권으로 분산하여 보관하는 습관을 가지고 있었는데, 이러한 안정적인 재산 관리 방식은 포트폴리오의 유래가 되기도 한다.

1547년이 되자 포르투갈에서도 기독교 세력이 강해지기 시작하고 종교 검열이 실시되었다. 유대인들이 기독교로 개종했는지 조사했고, 만약 유대교를 믿고 있다면 재산을 몰수하고 화형의 대상이 되었다. 이에 유대인들은 다시 포르투갈을 떠나 네덜란드에 최종적으로 정착하게 되었는데 당시 네덜란드는 바다보다 낮은 저지대가 많아 바닷물이 범람하니 땅이 소금밭이 되어 농사를 지을 수 없는 땅이었다.

네덜란드 원주민들은 대부분 어업에 종사하였고, 청어는 수익성이 높은 생선이었는데 이는 당시 기독교는 1년의 1/4 정도를 금식일로 지켰기 때문에 소, 돼지, 닭과 같은 고기를 먹을 수 없었지만 생선은 예외였기 때문이다. 청어는 소금에 절여두면 1년 동안 신선하게 먹을 수 있었고, 따라서 유럽에서는 청어 장사가 번창했다.

이에 이주한 유대인들은 청어를 절이는 소금에서 돈 냄새를 맡게 된다. 네덜란드의 어부들은 암염을 사용하여 청어를 절였지만, 유대인들은 이전에 살았던 이베리아반도의 천일염을 독점 수입하여 청어를 절인다. 천일염은 암염보다 저렴했고, 천일염으로 절인 청어는 맛이 더 좋았기 때문에 유대인들은 청어 시장을 장악하게 되었고 청어잡이 배를 가지게 되면서 발트해의 화물 운송에도 뛰어들게 된다.

당시 덴마크는 발트해 해물 운송선들이 지나가는 길목에서 통행세를 받았다. 이 통행세는 배의 갑판 크기에 따라 달랐는데 유대인들은 이를 이용하여 갑판은 좁고 물건은 많이 실을 수 있는 선창이 뚱뚱한 배를 만들기도 한다. 또한 당시 배들은 바람의 힘으로 운행을 했기에 큰 돛을 올리고 내리는 데 보통 배 한 척당 30명 정도의 선원이 필요했지만 새로 개발한 도르래를 돛에 붙이며 돛을 올리고 내리는 힘을 적게 들게 하여 30명이 아닌 10명의 선원만 있어도 배 운항이 가능해지게 만들어 선원들의 숫자도 줄인다.

이렇게 유대인들은 세금을 적게 내고 인건비를 절약하여 네덜란드의 화물 운송비를 경쟁국인 영국에 비해 1/3 수준으로 낮출 수 있었고, 네덜란드는 유럽 화물무역 시장의 절반 이상을 점유하게 된다. 유럽 기독교 국가들은 이를 견제하기 위해 네덜란드 배를 스페인 항구에 입항을 금지하는 등의 방법으로 방해하기 시작했으며 이로 인해 네덜란드 유대인들은 유럽 내 화물 운송에서 해외무역으로 눈을 돌리며 대항해시대 성장기의 발판을 만들었다.

유대인들은 자신들의 나라가 없었기 때문에 애국심이 상대적으로 적었으며, 세금을 어떻게 최소화할 수 있는지에 대해 많은 노력을 기울인다.

유대인들은 주로 농업이나 제조업에는 손을 대지 않고 유통을 장악했으며 유통을 장악하면서 제조나 판매에도 강력한 영향력을 발휘하였고 유통 프로세스 전체를 독점화하기도 한다. 하지만 이것을 다르게 말하면 당시 제조업이나 농업은 중산층 일이었기에 유대인들이 할 수 없어 울며 겨자 먹기로 유통을 했다고 해석할 수도 있다.

옛날에는 농업이 주요 산업이었기 때문에 농업에서 퇴출되면 생존이 어려웠다. 유대인들은 농업에서 퇴출되었으며 땅도 소유할 수 없었고 농사를 짓지 못했으며 노예도 소유할 수 없었기에 다른 방식으로 생존해야 했다. 이를 위해 유대인들은 유통업이나 중산층이 하기 싫어하는 가축 도살과 같은 하층계급의 일을 도맡아 한다. 노예를 사 오거나 농사에 필요한 물건을 생산하고 판매하는 등 다양한 직업을 통해 생계를 유지하였다. 이렇게 유대인들은 1차 산업에서 퇴출된 후 빠르게 다른 산업을 찾으려 많은 노력을 기울인다.

중세로 넘어오면서 유대인들이 장사를 워낙 잘하니 자기 국가 국민들의 장사를 보호하기 위한 각 나라들의 조치로 인해 상업 길드에서도 퇴출당하기도 한다. 중세 시대에는 길드에 속하지 않으면 제조업 기반을 다질 수 없었기 때문에 결국 돌고 돌아 유대인은 유통을 장악하게 되었다. 따라서 유대인들은 역사적으로 모두가 꺼렸던 서비스 산업을 주도하게 된 것이다.

남이 하기 싫은 것은 돈이 되기 마련이다. 또한 인간의 무리생활 성향에 따라 유대인도 유대인들끼리 모여 살았으며 이렇게 유대인 촌락이 형성된다. 만약 유대인들의 촌락이 박해나 억압으로 인해 흩어지게 된다면 다른 촌락으로 갈 수밖에 없었기에 이들은 다른 촌락과 소통하게 되며, 이러한 커뮤니티 형성은 지금의 '황금인맥'의 시초가 되기도 한다. 유대인들은 서로 상황과 정보를 교환하며 발전해나갔고 촌락과 촌락 간의 커뮤니티는 전 세계적으로 활성화되며 현재의 상황뿐만 아니라 금 시세, 은 시세 등과 같은 정보를 교환하기도 한다.

이 시기 유럽에서는 동인도회사가 설립되었으며 네덜란드에서는 최초의 주식회사가 설립되었다. 또한 네덜란드의 암스테르담 중앙은행은 각국의 화폐를 길더화로 통일시키며, 길더화는 최초의 통일 화폐가 되었다. 이러한 모든 사건들이 별것도 아니었던 네덜란드를 유대인이 장악하면서 일어난 것이다.

그러나 이 당시 네덜란드 통치자는 빌럼 3세였는데 빌럼 3세는 영국 통치자 윌리엄 3세가 되어 영국으로 떠나게 된다. 윌리엄 3세가 이때 유대인 대부분을 데리고 영국으로 이동하였고, 이로 인해 네덜란드 금융 시스템이 영국으로 옮겨지는 사건이 발

생하게 된다. 그리고 윌리엄 3세는 유대인들로부터 자금 지원을
받고 프랑스와 전쟁을 하는데, 유대인들은 전쟁 자금을 지원하
게 된다. 공짜로? 아니다.

유대인들은 자금을 지원할 때 이자와 채무를 요구했으며,
더 중요한 것은 '화폐를 발권할 수 있는 권리'를 달라고 했다. 유
대인들은 영국은행을 설립하여 화폐를 발행하게 되었으며, 왕이
자금을 빌려 갈 때마다 돈을 찍어서 지급하게 된다. 이것은 현재
의 연방준비제도(FED)와 유사한 구조였다. 이렇게 유대인들은
국채와 화폐 발행을 연결시키는 발상을 하게 된 것이다.

이렇게 과거를 뒤집어보면, 그리고 지금 우리가 살아가고
있는 세상에서의 부의 기원을 알아보면, 대부분이 유대인과 관
련되어 있다. 아니, 다수 속에 가려진 소수에 의해 발현된 것이다.

유대인 상점 모습. 이들은 한번 맺은 계약은 목숨을 걸고라도 지키려는 신용 때문에 어딜가더라도 상권을 장악할 수 있었다.

이슬람 이야기(전성기의 안일함)

무함마드는 610년경 알라의 계시를 받아 이슬람교를 창시하게 된다. 그는 박해를 피해 622년 메카에서 메디나로 이주했고 이를 '히즈라'라고 한다. 메디나에서는 신도를 모으고 630년에는 메카 함락에 성공하면서 이슬람 공동체인 '움마'를 세우고 아라비아 전역에 전파하게 된다.

이슬람 등장 시, 아라비아반도의 한쪽에는 비잔티움 제국(동로마제국, 콘스탄티노플이 위치한 제국)이 있었고, 다른 한쪽에는 사산 왕조(페르시아)가 존재했었다. 그렇다는 것은 이미 다른 종교가 지배적이었다는 것이다. 그러나 이전 선지자들의 계시에도 세계는 바뀌지 않았고 무함마드라는 예언자는 이 당시 가장 현대의 예언자였기에 시대적 배경과 일맥상통했다. 이렇게 이슬람이 등장하며 651년에는 사산 왕국이 멸망하고 이슬람이 100년 동안 영토를 확장하기 시작한다. 서쪽으로는 이베리아반도까지 확장하며 동쪽으로는 인도를 넘어서 751년에는 탈라스까지 침범하였고 당나라와 전쟁을 벌이기도 한다.

무함마드의 계시는 메카에서 13년, 메디나에서 10년 동안 계속되었으며, 무함마드 사망 이후에는 칼리파라는 명칭의 이슬람 종교의 최고지도자를 만들어 제1대 칼리파인 아부 바크르(632~634년 재위) 시대가 열린다. 제2대 칼리파인 오마르는 구전되던 계시와 문자로 기록된 것을 모아 코란을 편찬하였고, 제3대 칼리파인 오스만(644~656년 재위) 시대에는 이슬람 공동체가 크게 확장되며 개종자들이 증가하기 시작한다. 그러나 코란을 잘못 읽거나 암송하는 사례가 발생하면서 지역마다 서로 다른 코란이 등장하기 시작하였고, 651년에는 3대 칼리파인 오스만이 정확한 필사본인 코란의 원본을 만들고 서로 다른 코란들을 소각하도록 지시한다.

오스만이 암살당한 후 며칠이 지나지 않아 다음 4대 칼리파인 알리도 암살당하는 일이 발생하며 혼란의 시기를 겪게 되었고 이때 잘 나가던 우마이야 가문이 새로운 정비를 위해 수도를 메카에서 시리아 다마스쿠스로 이전한다.

무함마드는 부족이나 혈연을 중요시하기보다는 유일신인 알라를 믿으며 이슬람을 믿으라고 강조하였지만 일부 무슬림들은 부족이나 혈연이라는 욕심을 버리지 못하고 무함마드와 가까운 부족이나 혈연이 이슬람을 이끌어 나가야한다며 우마이야 가문이 이슬람을 이끄는 것을 반대하며 4대 칼리파인 알리를 추종한다는 의미의 '시아트 알리'가 생겨난다. 이들을 시아파라고 불리며 칼리파라는 용어 대신 이맘이라는 단어를 사용하기 시작한다.

이렇게 시아파는 이맘을 최고의 지도자로 인식하였다. 1대 이맘은 4대 칼리파인 알리로, 2대 이맘은 알리의 아들인 하산이었으나 일찍 사망하였으며, 이후 무함마드의 외손자이자 알리의 아들인 '후세인'이 등장한다. 후세인은 우마이야 가문에 반란을 일으키지만 실패하고, 후세인과 시아파 대부분이 학살당하기도 하는데, 이 사건을 카르발라라고 한다. 3대 이맘의 아들은 간신히 살아남아 4대로 이맘의 정신을 이어 갔지만, 전사의 자질은 없어 신비주의자로 남기도 한다.

5대 이맘은 무함마드 알 바킬로, 이때 시아파 내에서 내분이 발생하며 새로운 분파인 자이드파가 생겨나기도 하며 자이드의 본명은 무함마드 자이드 이븐 알리로, 5대 이맘인 무함마드 알 카킬과는 형제지간이었다. 자이드파는 9세기가 되면서 국교로 지정되는 나라들이 생겨나기도 했다.

6대 이맘은 자파르 알 사디크로, 항상 수니파의 탄압으로 인해 은둔하며 세상 밖으로 나올 때만 기다리고 있었던 시아파는 알아즈하르라는 성원을 건립하기에 이르렀다. 도서관은 수많은 종교서적들로 빼곡했고 이로 인해 종교적 연구도 활발하게 수행하는 발판을 마련하며 지금도 알아즈하르는 이슬람 세계에서 이슬람의 표준이자 가장 공신력 있는 기관이라 불린다.

이 시기에 살라딘이 등장했는데, 살라딘은 7대 이맘 이스마일파를 몰아내고 수니파 이슬람을 이집트에 뿌리내리게 했다. 그는 알아즈하르에 있는 시아파 종교 연구 서적들을 모두 불태우도록 명령하며 시아파의 흔적을 지우려고 했고 이 사건으로 시아파의 연구는 더뎌졌다. 알아즈하르는 살라딘에 의해 수니파의 사원으로 바뀌었으며, 이집트에서 쫓겨난 일부 과격한 이스마일파들은 암살단을 조직하기도 한다. 이 암살단은 '어쌔신'이라고 알려져 있으며, '하쉬쉬'라 칭하는 대마초를 복용하여 힘과 용기를 얻는다고 믿었다. 이들의 암살 대상으로 지목되면 모두 죽게 된다는 무서운 소문이 유럽으로 퍼지면서, 극단주의 이스마일파이자 하쉬쉬파는 자신들의 국가를 건립하기도 한다.

한편 수니파의 경우 정통 칼리파 시대를 거쳐 우마이야 칼리파 시대(661년~750년), 압바스 칼리파 시대(750년~1517년), 오스만 칼리파 시대(1517년~1922년)를 맞이하게 되고 시아파는 절대 지도자인 이맘의 코란 해석에 절대적인 권위를 두는 반면, 수니파는 코란 그 자체로 보았고, 시아파는 이맘의 권위가 절대적으로 변하며 극도의 이슬람 원리주의자가 되어버린다.

오스만 칼리파 시대가 찾아오면서 이슬람은 전성기를 맞이하게 된다. 오스만 제국은 작은 국가였지만, 그들이 세운 제국은 유럽의 두려움을 사는 강력한 통치력을 가졌고 압바스 왕조에게 무력으로 칼리파 지위를 얻은 오스만 제국은 영토를 끊임없이 확장하며 콘스탄티노플도 점령하여 수도를 콘스탄티노플로 옮기며 그곳을 이슬람의 도시로 개조하기 이른다. 로마 제국처럼 황제(술탄, 세속 지도자), 교황(칼리프, 종교 지도자)의 개념을 두었고 술탄과 칼리프를 한명으로 통합하여 이슬람의 최대 권위자로 칭하기도 한다.

술레이만 1세 시대(제 10대 술탄)에는 실크로드의 장점을 살려 문화와 상업을 발전시키며, 영토를 끊임없이 확장하여 유럽 동부지역부터 중앙아시아와 아프리카까지 점령한다. 이슬람은 천 년 가까이 문명의 선두에 있었지만 17세기부터 흔들리기 시작하여 19세기에는 서구의 식민지가 되기도 한다. 이에 따라 이슬람은 정치와 문화 등 모든 영역에서 굴욕감을 느끼기 시작하였으며, 총기와 대포 등의 현대 무기에 속수무책이었다. 특히 20세기에는 이스라엘 국가의 건국을 허용하는 등 중동에서 복잡한 정치적 현실을 마주하게 된다.

이슬람은 어떻게 빠른 성장을 할 수 있었을까?

비잔티움 제국과 페르시아는 패권을 다투며 300년간 싸워 오면서 피폐해질 만큼 피폐해져있었고 전쟁에 필요한 돈을 마련 하기 위한 세금과 약탈로 민심을 잃었다. 이 당시 페스트가 창궐 하기도 했다. 이런 상황 속에서 무함마드가 알리의 계시를 받았 다는 것이다. 또한 아라비아 반도는 페스트의 영향을 받지 않았 고 비잔티움 제국과 페르시아가 전쟁을 하면서 무역로가 자연스 럽게 아라비아 반도로 옮겨지며 메카나 메디나 같은 도시가 발전 할 수 있었다.

경제력이 기반이 되니 용병을 활성화할 수 있었고 전쟁도 수월하였다. 이 당시에는 전쟁에 패배하면 죽거나 노예가 되었지 만 무슬림들은 포용정책으로 기득권을 인정하며 간접통치를 하 였고 조세정책으로 세금만 낸다면 누구든 땅의 주인이 될 수 있 었다. 이렇게 이슬람 세력은 빠르게 성장 할 수 있었다.

하지만 이슬람은 어떻게 이렇게 되었나?

이슬람은 황금시대를 맞이하기도 하며 호화롭게 보냈지만 시간이 지나면서 쇠퇴의 길로 빠져든다. 이슬람의 황금기가 르네상스의 기반이 되기도 했지만 그 시절이 영원할 줄 알았다. 안일함에 있었고 우월주의에 있었다. 세상에 영원한 것은 존재하지 않는다. 우리가 당연하다고 생각하는 것들을 소중하게 생각해야 한다. 모성애만큼 위대하고 불가능을 가능하게 만드는 것은 없다고 하지만 그것을 당연하게 여겨서는 안 된다는 것이다.

** 이슬람 코란과 하디스 **

이슬람의 성경인 코란은 어원적으로 '읽는 것'을 의미하지만, 신학적으로는 '신의 말씀'으로 구체화된 것이라고도 불린다. 기독교의 성경은 여러 시대에 걸쳐(약 850년간) 여러 사람들이 각기 다른 언어로 쓴 것들이 결합된 것이다. 반면 코란은 한 장소에서 한 인물인 무함마드에게 비교적 짧은 기간(23년) 동안 아랍어로 계시되어 완성된 것이다.

코란은 천사 가브리엘을 통해 예언자 무함마드에게 전달된 것으로, 계시의 매체는 성령이지만 말씀의 주체는 알라 자신이라고 믿는다. 신의 말씀이 직접 코란으로 전해진 것으로 여기며, 일생 동안 코란을 부단히 읽고 암송하며 신에 대한 믿음과 복종을 표현해야 한다.

코란의 주된 가르침은 육신오행으로 요약할 수 있는데 '육신'에는 다음과 같은 가르침이 포함된다.

1. 알라 외 다른 신은 없다고 증언하는 것
2. 천사를 믿는 것(알라가 천사는 빛으로 창조하였지만 인간은 흙으로 창조하였고 지니(정령)는 불로 창조하였다. 알라는 인간과 천사에게 창조성을 주었다. 모든 천사와 인간에게 무릎을 꿇으라고 하였으나 천사 이블리스는 거절하였고, 이에 사탄이 되었다.)
3. 코란을 믿는 것
4. 예언자(무함마드, 모세, 예수, 다윗)를 믿는 것
5. 최후의 심판을 믿는 것 (죽으면 사람의 행위는 사라지지만 유일신이 말하길 '너의 태어나서부터 죽었을 때까지의 모든 것들을 누군가가 기록하고 보고 있다. 즉 너는 어딘가에 저장되어 있으니 죽는 것도 아니고 영원히 있다. 즉 불멸성, 그것을 심판한다.'라는 것을 전제한다.)
6. 구원을 믿는 것

'오행'에는 다음과 같은 가르침이 포함된다.

1. 신앙의 정은(샤다, 알라 외 다른 신은 없고 무함마드가 그 메신저다.)
2. 예배(모스크 : 엎드린다는 뜻, 절하는 곳일 뿐 다 동등

하다. 알라 아크바르) 수니파는 하루 5번, 시아파는 하루 3번 / 금요일 정오 집단 예배

3. 자카트(자산의 2.5%를 가난하고 어려운 사람에게 써야 하는 무슬림의 의무). 자카트는 이자의 개념을 인정하지 않는다. 시간은 하나님의 것이니 감히 인간이 시간을 이용해서 이자를 받을 수 없다.

4. 단식(라마단 기간에는 해가 뜨고 질 때까지 아무것도 마시면 안 되며 침도 삼키면 안 된다. 개인적으로는 신에 대한 순종과 은총을 통한 감사함을 표현하는 정신적인 훈련이며, 사회적으로는 빈자와 약자에 대한 동정과 모든 무슬림의 연대 의식 및 평등 의식을 갖는다는 의미가 있다.)

5. 성지순례

또한, 코란은 아랍어로 쓰여 있는데 아랍어는 라틴어에서 파생되었지만, 이탈리아어와 스페인어와는 다른 언어로 라틴어의 문어를 그대로 사용하고 있어서 의사소통에는 문제가 없다. 즉, 아랍어를 사용하는 지역들 간에도 이라크와 북부 아프리카의 언어는 다르지만 문어는 동일하기 때문에 의사소통이 가능하다는 것이다. 코란은 예로부터 사용된 문어를 계속 사용하고 있기에 아랍어는 코란과 연결되며, 코란은 신의 말씀을 변경할 수 없다고 믿고 있다.

코란은 성경과 다르게 해석되는 부분이 있다. 큰 차이점은 성경에서는 아담과 이브가 유혹에 의해 추방되었지만 코란에서는 유혹을 받은 것은 이브(여자)가 아니라 아담(남자)이라고 표현하고 있는 점이다. 성경에서는 인간이 원죄에 의해 사망하고 죄의 대가로 여자는 출산의 고통을 겪고 남자는 노동한다고 설명지만, 코란에서는 인간은 피조물로서 완전하지 않아 유혹에 넘어가는 것이지 원죄라는 개념이 없다고 해석한다. 즉 아담과 이브의 죄이지 자식(우리들)에게는 죄가 없다는 말로 코란에서는 '원죄'를 인정하지 않고 아담과 이브가 용서를 하니 신께서 용서를 하였다고 표현되어 있다.

또한, 코란에는 예수가 태어나자마자 "나는 절대신과 알라의 종이며 예언자로서 그분의 책을 전할 것이다."라고 말했다고 기록되어 있는데 이는 불교의 영향을 받은 것으로 보이며, 불교와 유사한 가치관으로 인해 인도의 불교가 사라지게 된 요소 중 하나일 수 있다고 보고 있다. 또한, 코란에서는 십자가에 못 박힌 것은 예수가 아니라 신이 다른 사람으로 바꾸어 예수를 구원하였으며, 예수가 대속된 인물이 아니라고 언급한다. 이는 유일신인 알라에 있어 예수는 신성한 존재, 우상이 되어서는 안 된다는 점을 강조하기도 한다.

또한 하디스는 무함마드의 언행과 행동을 기록한 것으로,

코란과는 달리 "누구에게서 들었고, 그 사람은 누구에게서 들었으며, 누가 무함마드의 말을 전했다."라는 형식으로 전해지고 있으며 하디스에는 예언자의 가르침과 지침, 그리고 일상생활과 관련된 일부 이야기들이 포함되어 있다.

예를 들어, "야자수를 팔 때 그 열매는 누구 것입니까?"라고 묻는 경우, 예언자께서 이렇게 말씀하셨다. "사는 사람이 그 열매가 내 거라고 말하지 않으면 그 열매는 파는 사람 소유가 되느니라." 즉 예언자가 법임을 강조한 것이다.

다음은 어떤 사람과 무함마드 사이에 있었던 대화이다.

어떤 사람 : 고백하겠습니다. 저는 죄를 지었습니다. 라마단을 어겼습니다. 어떻게 하면 좋을까요?

무함마드(예언자) : 노예 한 명을 자유인으로 풀라.

어떤 사람 : 저는 가난해서 노예가 없습니다.

예언자 : 그러면 계속 단식을 해봐라.

어떤 사람 : 제가 몸이 약해서 계속 단식을 할 수가 없습니다.

예언자 : 그러면 너보다 가난한 사람에게 음식을 대접해봐라.

어떤 사람 : 먹고 죽으려 해도 음식이 없습니다.

예언자 : 그러면 내가 대추를 줄 테니 이것을 가지고 가난
한 사람에게 나누거라. 그리고 당신의 죄를 속죄
하라.

어떤 사람 : 무함마드여, 이 도시에 눈을 씻고 찾아봐도 저
보다 가난한 사람이 없습니다.

예언자 : 그냥 대추를 가지고 나가시오.

이것은 신의 관대함을 보여주는 하디스의 내용 중 일부분
이다.

힌두교 이야기(순리의 어긋남)

한 나라에서 종교가 완전히 사라진다는 것은 상상하기 어려운 일이다. 역사적으로 우리가 알고 있는 종교들은 박해와 억압을 겪었음에도 살아남았고 지속되어 왔다. 예를 들어 유대교는 기독교의 박해를 견뎠고 조선시대의 불교는 유교의 억압을 받았지만 계속해서 존재하였다. 실제로 무속 신앙도 오랜 세월 동안 억압을 받아왔음에도 불구하고 현재에도 존재하고 있다. 그러므로 종교 자체를 완전히 없애는 것은 불가능에 가깝고 특히 1,800년 동안이나 뿌리내린 지배 종교라면 더욱 그렇다. 하지만 그 어려운 일이 인도에서는 실제 일어났다. 불교 발상지에서 불교가 사라진 것이다.

불교는 기원전 6세기 인도의 작은 왕국의 왕자인 싯다르타의 깨달음에서 시작되었으나, 당시 인도는 힌두교의 모태인 브라만교의 세상이었다. 초기 불교는 카스트제도를 부정하는 인간

평등사상으로 인도인들 사이에서 열광적인 지지를 받으며 추종자들을 늘려간다. 불교 인구의 증가에 따라 왕들과 귀족 및 상인들은 후원에 나선다. 특히 인도를 통일한 아쇼카 왕의 통치 시기에는 불교가 인도 전역과 인근의 국가로 확대되어 국제적인 종교가 되기도 한다.

그러나 이후 불교는 멸망의 고도로 접어들기 시작한다. 불교 교단의 부의 축적이 문제가 되었다. 후원을 받아 부를 축적한 승려들은 더 이상 불교를 전파하는 데 관심을 보이지 않았다. 석가모니만 해도 열반에 들기 전 40년 동안 전국으로 설법하며 불교를 알리던 것과 달리 게으른 승려들은 안전한 사원에서 생활하고 사원에서 나오려 하지 않았다. 결과적으로 불교를 민중에게 전파할 수 있는 사람들이 부재하게 되었다.

대신 승려들은 사원에 머물며 형이상학적인 이론들을 만들어내었으며, 일부 지식인들만 이해할 수 있는 산스크리스트어로 경전을 번역하고 의식을 행하는 등의 행동을 했다. 이로써 일반 대중들은 불교를 이해할 수 없게 돼버린다.

깨달음을 얻기 위한 참선이나 고행 같은 불교 수행법은 인도에서 바쁜 삶을 사는 사람들에게는 일반적으로 어려운 일이었다. 따라서 불교는 초기부터 일반 대중에의 접근이 어렵다는 지식 계급적인 한계가 존재하였다. 불교는 가정에서의 관혼상제나 종교 의례를 강제하지 않았기 때문에 인도인들의 일상생활에 뿌리를 내리기 어려웠고, 따라서 인도인들은 현실적으로 보이는 신들에게 기도하고 복을 비는 것이 더 편하고 쉬운 방식이었다. 무소유 개념도 먹고 사는 데 어려움을 겪는 인도인들에게는 이해되기 어려웠고 그 결과 인도인들은 불교를 뒤로하고 이해하기 쉬운 힌두교로 넘어가게 된다.

한편 한때 불교에 밀려났던 브라만교에서는 7~8세기경부터 대혁신이 일어나며 불교의 교리와 의식을 받아들여 우리가 아는 힌두교로 변화하게 된다. 힌두교는 불교의 명상 수행법과 열반 개념을 채택하고 불교의 가르침을 힌두교로 변형하며 "생명이 있는 것은 함부로 죽이지 않는다."라는 불교의 가르침을 수용하여 힌두교의 원리로 적용하였고 그 결과 오늘날 인도에서는 소를 숭배하는 등의 힌두교의 신앙과 관련된 실천이 이어지고 있다.

힌두교는 더 나아가 부처를 힌두의 신으로 포함시키고 그를 힌두교 최고의 신 중 하나인 비슈누의 환생이라 칭하기도 한다. 힌두교가 불교보다 우위에 놓이면서 인도의 왕국들도 불교에 대한 지원을 줄이기 시작했는데 이는 카스트제도와 윤회에 의한 운명론을 기반으로 하는 힌두교가 통치에 더 유리하다고 판단되었기 때문이다.

불교는 이런 상황에서 대악수를 치르게 되었으며 '불교의 힌두화'라고 불리는 현상이 등장한다. 불교는 신도들을 유지하기 위해 힌두교를 대대적으로 수용하였고, 힌두교의 신들과 유사한 여러 보살을 창조하여 신으로 숭배하도록 한다. 이로 인해 9~10세기경부터 불교는 힌두교와 구분할 수 없는 상태가 되어 정체성을 완전히 잃게 된다.

결국, 불교는 힌두교의 아류나 지류 정도로 취급받고 있으며, 인도에서도 불교는 힌두교의 영향 아래에 있다. 불교 신도들조차 사찰 대신 가까운 힌두 신전을 찾게 되었고, 오늘날에도 인도에서는 불교가 힌두교의 한 갈래로 여겨지고 있다. 이런 총체적인 어려움에 빠진 불교에 이슬람이 침입하면서, 인도의 무역로가 모두 막힌 탓에 인도의 왕족과 상인들은 몰락하게 되었으며 불교의 후원은 완전히 끊어지게 된다.

이슬람이 침입했다고 해서 불교라는 종교는 바로 사라지지 않았다. 인도에서 초기 불교는 힌두교의 카스트제도를 부정하는 인간 평등사상으로 인해 빠른 시간 내에 거대한 종교로 성장할 수 있었다. 7~8세기 이후에는 불교가 위축되었지만, 그럼에도 여전히 불교가 세력을 유지할 수 있었던 것은 형식상이나마 평등주의를 버리지 않았기 때문이다.

불교의 존재 이유는 평등 사회 정치적 이데올로기였다. 그러나 이슬람과 불교는 놀랍게도 많은 공통점을 가지고 있었다. 상업 세력이 기반이라는 점이나 반카스트와 인간의 평등을 주장하는 점이 같았다. 다른 점은 불교는 반카스트적인 평등주의를 실현할 힘이 없었지만 이슬람은 이를 실천할 무력과 경제력을 갖추고 있었다는 점이다. 이에 따라 불교를 옹호할 이유가 없어지고 이슬람은 불교를 완벽히 대체할 수 있는 종교로 자리 잡게 된다.

이러한 과정에서 인도에서는 불교 신도들이 이슬람으로 개종하는 일이 벌어지게 되고 불교도가 많았던 아프가니스탄, 파키스탄, 방글라데시 등도 이 과정에서 이슬람의 영토가 되었다. 이슬람의 강압도 일부 존재했으며 힌두교로 개종할 경우 불가촉천민이 된다는 현실적인 이유도 있었지만, 이렇게 인도에서 불교는 13세기 초에 완전히 사라지게 된다. 그렇게 인도에는 힌두교와 이슬람이 존재하게 된다.

힌두교의 어원은 페르시아인들이 인더스강 유역에 거주하는 아리아인들을 '신두'라고 부르는 것에서 유래되었다. 기원전 15세기 전후에 아리아인들이 인도 땅을 정복하면서 그들의 사회는 도시화를 이루지 못한 부족사회였지만 시간이 흐름에 따라 아리아인들은 인도아대륙에서 세력을 넓혀갔고 아리아 문화와 원주민의 비 아리아 문화가 결합되기 시작한다. 이에 따라 힌두라는 의미의 본래의 지역적, 인종적 한계를 넘어서 힌두교인과 힌두교 문화권의 구성 요소들을 총칭하는 의미를 갖게 된다.

결론적으로 힌두교는 아리아인들의 인도아대륙 정착 후, 그들과 원주민의 문화 요소가 혼합되어 탄생한 것으로 보고 있다. 힌두교 신자들은 힌두교가 지구상에서 가장 오래된 종교이며 모든 종교는 힌두교의 영향으로 탄생되었다고 믿기도 한다. 힌두교에는 성경이나 코란과 같은 지침서나 가르침이 없으며 종교 창시자 역시 존재하지 않는다. 힌두교는 종교와 사회적 행위를 구별하기 어려울 정도로 혼합되어 있으며 힌두에 기원을 두고 있는 사회적 제도, 관습, 가치관을 포함한 문화적 본질과 속성을 나타낸다. 즉 신앙과는 별도로 힌두의 생활방식과 가치관 또는 그 문화의 본질과 속성을 습득해야 하는 것이다.

힌두교가 명확한 입교 의식을 가지고 있지 않음에도 불구하고 꾸준히 신자를 유지할 수 있었던 이유는 사회와 밀착되어 있기 때문이다. 힌두교는 삶의 방식, 문화, 한 개인의 소속과 정체성을 나타내는 상징이기도 하다. 힌두교 신자들은 일상생활에서 종교를 계속해서 느끼며, 종교적 굴레에서 벗어나는 과정을 통해 자기 자신을 확인하며 힌두로서의 삶을 살아간다. 이는 힌두교인으로서의 자격뿐만 아니라 특정 카스트 구성원으로서의 자격까지 획득하는 것을 의미한다.

　결국, 힌두교 신자들은 카스트 공동체 내의 동질성과 결속력에 쉽게 동화될 수밖에 없었으며, 카스트제도가 1947년 법적으로 폐지되었음에도 불구하고 카스트제도는 현재에도 사회적 문제가 되고 있다. 카스트제도의 계급은 브라만, 크샤트리아, 바이샤, 수드라의 네 가지로 나누어지며, 그 이하의 계급인 찬달라 또는 달리트라는 '불가촉천민'으로 알려져 있다. 불가촉천민은 카스트제도에 포함되지 않으므로, 실제로는 다섯 가지의 보이지 않는 계급이 존재하는 것이다.

　카스트제도를 설명할 때 '바르나'와 '자티'라는 개념이 등장하는데, 이는 브라만교의 '바르나 제도'가 카스트제도의 기원이 되었기 때문이다. 바르나는 고대 문헌에서 산스크리트어로 피부색을 뜻하는 말로 기록되어 있으며, 아리아인족인 아리아인들이 고대 인도를 정복하면서 만들어진 것으로 알려져 있다. 바르나는 원래 피부색이라는 의미를 가지고 있기 때문에 인종 차별적인 의미도 포함되어 있으며, 16세기경에는 이름이 바르나에서 카스트제도로 바뀌게 되며 '카스트제도'라는 표현은 포르투갈인들이 인도에서 엄격한 신분 체제를 보고 붙인 말이기도 하다.

　'자티'는 카스트제도 내에서 계급을 나누는 서열을 뜻한다. 카스트제도는 크게 네 가지 계급인 브라만, 크샤트리아, 바이샤, 수드라로 나누어지지만, '자티'는 혈통, 직업, 지역, 가문에 따라 다시 세분화되어 수천 혹은 수만 개의 카스트로 나누어진다. '바르나'는 '자티'에서 나눠진 서열을 더 큰 단위로 묶어 계급으로 분류한 것인데, 카스트제도가 사라지지 못하는 이유 중 하나가 바로 '자티' 때문이라고 할 수 있다. 만약 계급제 폐지가 선포된다면, '자티'의 개념이 없다면 자신의 계급을 밝히지 않는 한 다른 사람에게 들킬 일이 없을 것이다. 그러나 인도는 '자티' 가문으로 계급이 나누어져 있기 때문에 들키기가 쉽다. 가문이 같으면 같은 성을 사용하기 때문인데 이로 인해 인도에서는 성을 들으면 어느 계급에 속하는지를 유추할 수 있다.

또한, 대부분 같은 계급끼리 결혼하므로 피부색으로도 계급을 유추할 수 있다. 따라서 인도에서는 밝은 피부가 브라만 계급을 의미하는 경우가 많다.

카스트제도는 고대 인도가 의존한 갠지스 강 지역에 정착한 아리아족이 침입하면서 시작되었다. 아리아족은 인도에서 농경을 주 업으로 하는 정착 생활을 시작한 후 세력을 확장하면서 원주민들을 노예로 만들었고, 이 과정에서 브라만교의 '바르나제도'가 생겨난다. 이때부터 브라만교는 힌두교의 시초가 되었으며 원주민들은 바르나에 따른 계급 차별을 받게 되었다.

원주민들 사이에서는 불교문화가 퍼지기 시작하여 바르나에 따른 계급 차별을 부정하게 되었고 알렉산더 대왕의 침입으로 새로운 지배 계층이 등장하면서 계급 체계가 사라지는 듯했지만 고립된 인도 사회에 변화가 찾아오지는 못했다. 이후 여러 종파와 브라만교가 결합하면서 힌두교가 형성되었고, 신화들이 생겨나며 카스트제도는 인도에 완전히 자리 잡게 된다.

고대 인도의 법전인 마누법전에 따르면 힌두교의 3대 신 중 하나인 브라흐만 신이 각 신체 부위를 통해 계급에 따라 인간을 창조했다고 설명한다. 머리에서는 브라만이, 가슴에서는 크샤트리아가, 배에서는 바이샤가, 팔다리에서는 수드라가 창조되었다는 것이다.

이로 인해 계급제를 부정하는 것은 종교와 신화를 부정하는 것으로 여겨지는 현상이 나타났으며 카르마라는 개념, 즉 인간의 행위에 따라 받게 되는 결과에 근거하여 신이 지정한 계급은 변경할 수 없다고 여겨지게 된다. 이러한 근본적인 이유로 인해 카스트제도는 사라질 수 없는 것으로 간주되었으며, 계급을 없애는 것은 힌두교를 부정하는 것과 마찬가지로 여겨졌다. 또한 마누법전에는 다른 카스트 간의 결혼을 금지하는 내용도 있으며 계급 질서를 어기는 사람들은 신의 질서를 파괴한 타락한 인간으로 간주되어 카스트 간의 결혼을 금지하기도 한다.

이것은 아직까지 사회적으로 문제가 되고 있는 현상이며, 어머니가 하층 계급의 사람과 결혼하겠다는 아들을 죽이는 사례도 발생하곤 한다. 또한, 찬달라와 브라만 계급 사이에서 사랑의 도피 이야기가 있을 정도로 계급 간의 규칙을 어기는 행위들이 기사화된다.

카스트제도는 이슬람의 무굴 제국 시대를 거쳐 19세기 초 영국의 인도 식민지 통치 시기까지 이어졌으나, 지배층의 변화로 인해 카스트의 지배력은 약해지기 시작한다. 인도에서 근대화가 진행되면서 도시의 발전과 직업 다양성이 증가하면서 낮은 계급에 속하는 카스트들도 돈을 벌 수 있는 기회가 생기기 시작한 것이다.

특히, 돈이 생긴 후 하층 계급 사람들의 삶에 일어난 가장 큰 변화는 '교육'이었다. 교육은 하층 계급에 지식인들을 만들어냈고 이들은 인간 평등을 주장하면서 카스트제도로 형성된 차별의 폐지를 요구했다. 하층 계급의 카스트 폐지 요구는 상위 계급의 친영국파와 대립하면서 반영국 민족운동으로까지 확산되었으며, 간디가 그 주요 인물로 등장한다. 이렇게 하여 1947년 인도는 독립을 선언하였으며, 1950년에는 모든 인도인이 형식적으로 카스트, 성별, 종교, 인종, 언어 등에서 평등한 권리를 누릴 수 있게 되었다.

현재 인도는 카스트제도를 실질적으로 폐지하려는 노력을 계속하고 있다. 교육 과정에 많은 힘을 쏟고 있으며 빈부격차를 줄이기 위한 노력도 끊이지 않는다. 하지만 이러한 혜택들은 중간 계급에 속한 사람들을 신경 쓰지 못하는 시스템이 되어버렸고 애매한 위치에 있는 중간 계급들이 자신들의 계급 강등을 요구하는 시위를 벌이는 예외적인 사례들이 발생하기도 한다. 이러한 상황은 평등한 권리를 얻은 상태임에도 불구하고 본인의 계급을 인정하고 수용하는 모순적인 결과를 초래하고 있다.

또한, 상위 계급들도 역차별에 반발하고 있지만, 정부 입장에서는 인도 전체 인구의 약 50%가 하위 계층에 속하기 때문에 하위 계층을 우선적으로 보호해야 한다는 입장을 취할 수밖에 없다. 정부의 노력으로 인도의 도시에서는 차별적인 의식이 크게 감소하였으며, 브라만 출신의 사람들이 바이샤나 수드라 출신의 사람들보다 낮은 직급에서 일하는 경우도 나타나고 있다. 이는 자본주의가 카스트를 넘어서는 예시로 볼 수 있으며 현재 인도 대통령이 불가촉천민 출신의 여성임은 좋은 면으로 해석할 수 있지만, 반대로 볼 때는 불가촉천민의 투표로 인해 대통령이 선출된 것으로 간주할 수 있는데, 이는 포퓰리즘을 부각시킬 수 있다는 의미를 가지고 있다.

인도는 중국을 뛰어넘는 세계 1위 인구수를 가지고 있으며, 내수의 요건인 성장의 중요성을 갖고 있다. 그러나 중국과는 다른 케이스로써 다른 관점에서 바라봐야 할 필요가 있다. 중국은 인구수가 급격히 증가한 결과로 1자녀 정책을 도입하였으며, 현재는 인구 감소로 인해 정책을 완화하고 있지만, 여전히 인구는 감소하는 추세다. 아시아 국가들은 농업혁명의 잔해가 남아 있어 유럽과 미국에 비해 남아선호 사상이 존재하며, 인력이 자산으로 간주되는 시대가 오래 지속되었었다.

이러한 상황에서는 딸을 낳으면 아들을 낳기 위해 둘째를 낳는 현상이 생겨나며, 아들 한 명을 낳아도 한 명으로는 부족하여 최소 두 명을 낳기에 출산율이 증가한다. 이는 농업과 1차 산업혁명의 시대로도 불리는 시기로써, 농장 발전과 농업 및 관련 산업의 발전의 시기였다는 것을 의미하기도 한다.

이때 여성의 인권은 어땠을까?

농업의 시대와 1차 산업혁명의 시대의 여성 인권은 어느 나라에서도 좋지 못했다. 그 결과 여성들은 결국 인간의 본성과 성별 특성에 의해 '출산'이라는 기능을 수행하는 것을 자신들의 주된 역할로 생각하게 된다. 그러나 2차 산업혁명의 시작으로 공장, 제조업, 건설 분야에서 더 많은 인력이 필요해졌고 이에 여성들도 일손에 투입되어 공장에서 일하게 되었다. 섬세한 여성의 능력이 더욱 필요한 이 시대에는 여성의 고용이 선호되고 있으며, 여성의 인건비가 남성의 인건비보다 저렴하다는 이유로 그러한 추세가 더욱 강해졌다. 여성의 역할은 남성보다 적었지만 점차 여성의 인권은 개선되었고 이러한 변화로 인해 아이러니하게도 통계상 출산율은 감소하게 된다. 이는 중국뿐만 아니라 모든 나라에서 볼 수 있는 현상이며, 남아선호로 인해 남녀의 비율이 어긋난 중국은 특히 출산율이 더욱 감소하는 경향이 보인다.

하지만 인도는 다른 국가들과 상이한 역사적 배경을 갖고 있다. 인도는 1950년까지 영국의 식민지였으며 다른 국가들이 1차 산업에서 2차 산업으로 급격히 성장하는 동안 인도는 전쟁과 독립으로 인해 혼란스러운 상황을 겪는다. 발전 속도가 늦어지고 카스트 제도와 관련된 갈등이 발생하며 투표권과 제도의 변화가 시작되었으나 결과적으로 발전 속도가 더욱 늦어지는 결과를 가져온다.

또한, 다양한 종교와 인종을 통합하는 데 실패하였고 인도는 국어의 부재로 인해 힌디어와 영어를 공용어로 사용하기 시작한다. 이는 각 구역이 독립적인 형태를 유지하는 미국과 유사한 상황을 만들었고 이로 인해 각 구마다 다른 법과 규칙이 적용되며 식민지 이후 토지 문제도 발생하게 되었다. 이러한 다양한 요인들이 종합적으로 작용하여 인도는 발전 단계에서 페티 클라크 법칙을 벗어나게 된다. 페티 클라크 법칙은 1차 산업에서 2차 산업으로의 정직한 발전을 거쳐 3차 산업으로 넘어가는 법칙을 의미하는데, 인도는 2차 산업을 건너뛰게 된 것이다.

왜?

인도는 인프라 구축을 위한 토지 관련 법이 주마다 다르고, 식민지 생활의 영향으로 인해 토지 등록 등에 많은 시간이 소요된다. 이로 인해 토지 통합에 상당한 시간이 걸리며 건물을 건설하기 위해서도 다양한 법과 규정을 준수해야 한다. 따라서 인도의 인프라 구축에는 오랜 시간이 걸리게 되었는데, 우스갯소리로 인도는 토지를 통합하는 데 10년, 법이 너무 다양한 나머지 건물을 지으려면 10년, 그래서 결국 인프라를 완성하려면 20년이라는 시간이 걸린다는 말도 있다. 또한 공무원들의 비리도 섞여 있어 인도의 발전은 더디게 진행되고 있다.

여러 복합적인 이유로 인도는 인프라 구축에 어려움을 겪고 있으며 정부는 2차 산업보다는 3차 산업을 주요 산업으로 촉진한다. 이미 시간이 흐르면서 3차 산업의 시대로 진입하는 시대에 맞게 정책도 조정했을 것이다. 인도는 지리적으로 미국과 12시간 정도의 시차가 발생하기에, 미국이 3차 산업을 선도하는 동안 인도도 영향을 받아 미국의 부업무를 위탁받게 된다. 즉, 미국 회사들이 아침에 출근하여 일을 마친 후 인도에 작업을 맡기는데 이를 통해 IT 산업은 24시간 운영이 가능해졌고 인도는 IT 강국으로 오해받을 수 있는 입지를 얻게 되었다. 인도는 아웃소싱의 강국으로 알려지게 되며 다양한 원인으로 인해 3차 산업에 진입하게 된 것이다.

인도는 2차 산업을 넘어서며 페티 클라크의 법칙을 깨는 아이러니한 현상이 발생하게 된다. 이는 2차 산업이 없는 것이 아니라 인구 대비 부족한 상태를 의미한다. 페티 클라크의 법칙을 깨고 2차 산업을 뛰어넘으며 제조업과 건설 분야가 약해지고 일자리도 부족해진다. 이로 인해 여성의 인권도 크게 훼손되며 이러한 상황에서는 아이러니하게 여성의 역할은 출산에 집중된다. 이로 인해 인도의 출산율은 당분간 감소하지 않을 것이며 이는 인도의 내수를 형성할 것이다.

갠지스 강을 사이에 두고 힌두교의 수행자들이 많이 찾는 고급스러운 리시케시
(Rishikesh) 성지의 배경이 보이는 거지의 오두막.

방글라데시와 파키스탄 이야기(순리의 이행)

인도의 인접 나라인 방글라데시는 인구밀도가 높으며 자연재해가 많은 극빈국으로 알려져 있다. 방글라데시는 파키스탄이 인도에서 독립하면서 시작된 나라이다. 파키스탄은 종교적 문제로 인해 인도에 자리한 이슬람을 독립시키기 위해 형성되었으며 독립 후 인도를 중심으로 서파키스탄과 동파키스탄으로 분리된다. 처음에는 모두 파키스탄이었으나 독립 과정에서 서파키스탄은 서부 지역, 방글라데시는 동부 지역으로 분할하게 되었고 동파키스탄은 주로 벵갈 사람들로 구성되어 나중에 벵갈어를 하는 사람이라는 뜻의 방글라데시로 이름을 바꾸게 된다.

동파키스탄은 벵갈 사람들이 독립하여 벵갈어를 사용했기 때문에 서파키스탄의 이슬람과는 다른 문화적 특성과 정체성을 갖고 있었으며 약 98% 이상이 벵갈 사람이고 벵갈어를 사용하므로 역사적 배경에서 동파키스탄과 서파키스탄은 정치적으로 분열되어 있었다.

이로 인해 동파키스탄의 '파티마 진나'와 서파키스탄의 '아육칸' 사이에서 정치적인 싸움이 벌어지게 되었고, 현재의 방글라데시 평민당은 '파티마 진나'를 지지하기도 한다. 이러한 상황에서 1965년에는 인도와 서파키스탄 간에 전쟁이 발발하였고 서파키스탄은 전쟁 비용으로 보유 자금의 70%를 소비하게 되었다. 동파키스탄은 파키스탄 인구의 70%를 차지하며 주로 동파키스탄에서 자금이 확보되었지만, 서파키스탄은 전쟁으로 인해 자금을 소비하기만 하는 상황이었고, 동시에 '벵갈어 탄압 정책'이 시행되며 동파키스탄에서는 타고르 작품이 금지되는 등 문화적인 탄압을 받게 된다. 라빈드라나트 타고르는 아시아 최초로 노벨 문학상을 수상한 인물로, 벵골 문화 부흥에 힘쓴 것으로 알려져 있다.

1970년 선거 후 동파키스탄의 169석 중 167석을 평민당이 차지하게 되었고, 이로 인해 평민당은 독립을 위해 정부를 독자적으로 구성하려는 노력을 하였으나, 서파키스탄은 시간을 끌며 평민당의 독자적인 정부 구성을 방해한다. 결국 평민당은 "이번 투쟁은 우리들의 자유를 위한 투쟁이며, 이번 투쟁은 독립을 위한 투쟁이다."라는 연설을 통해 강제로 독립을 선언한다.

이에 서파키스탄은 독립 운동을 지지하는 사람들을 학살하기 시작하였으며, 학생운동과 벵갈어 운동을 지원한 사람들도 학살하기 시작한다. 또한, 인도와 서파키스탄 간의 전쟁에 징집되었던 벵갈 출신 군인들은 동파키스탄으로 돌아갈 수 없도록 대기명령이 내려져 민간인들만 학살되는 상황이 온다. 추정에 따르면, 약 30만에서 35만 명의 민간인이 학살당했고 이로 인해 동파키스탄에 있던 수백만 명의 벵갈들이 인근 인도 지역으로 대피하게 되었으며, 이러한 난민 상황으로 인도는 어려움을 겪게 되었다. 이에 인도는 동파키스탄을 지원하기 위해 물밑에서 도움을 주었으며 1971년 공식적으로 동파키스탄(방글라데시) 독립 전쟁이 시작된다. 서파키스탄과 동파키스탄 사이에는 거리가 있었기 때문에 전쟁이 빠르게 전개되어 12월 16일에는 서파키스탄이 공식적으로 항복하고 방글라데시가 탄생하게 된다.

또한, 미국은 방글라데시의 독립을 방지하기 위해 벵골만에 항공모함을 배치한 것으로 기록되어 있는데, 이는 주로 인도를 견제하기 위함이었다. 1947년 파키스탄이 인도에서 독립할 때, 인도는 미국의 입장을 전혀 수용하지 않았으며 파키스탄은 신속하게 미국을 지지하겠다고 밝힌다. 이로 인해 파키스탄은 미국의 친구로 인식되며, 인도는 소련으로부터 무기를 받게 되는 상황으로 굳어져 버린다.

이런 역사적 배경을 가지고 독립을 하게 된 것이 정치에 그대로 반영되어 있다.

방글라데시 사람들은 원래는 파키스탄 사람들이기 때문에 인도에 대한 감정은 좋지 않다. 인도에 갈라서서 독립했고 당시 이슬람 사람들이 힌두교 사람들하고 사이가 좋지 못했다. 이것은 인도와 서파키스탄에서만 있었던 게 아니라 벵갈 내부에서도 있었다. 그런데 독립을 할 때는 인도의 도움을 받았고 같은 이슬람으로부터 학살을 당했다.

그러면 지금 방글라데시 사람들은 어느 편에 서는 게 맞을까?

방글라데시는 독립 전쟁 당시 친인도 성향과 친파키스탄 성향을 동시에 갖고 있던 나라였다. 이는 독립 전쟁 당시의 구도와 연관되어 있으며, 이슬람과도 관련이 있다. 이슬람 내에서도 파키스탄의 극원리주의와 인도의 온건주의, 세속주의로 구분되는 경향이 있으며 방글라데시 이슬람은 정치적인 이유로 인해 수니파와 시아파와는 다른 성향을 가지고 있다.

방글라데시는 인도와 다르게 경제적으로 페티 클라크의 법칙을 따르며 제조업 강국으로 부상하고 있으며 여성의 월급은 남성보다 높으며 여성의 인권 또한 개선되고 있는 추세이다.

미국인 이야기(본질)

———

　　미국은 세계 최초의 민주공화국으로 영토 순위는 세계 3위이며 기축통화라는 이점을 가지고 있어 상당한 규모의 달러를 발행할 수 있는 나라다. 미국은 전 세계를 작전 범위로 두고 군사 작전을 수행할 수 있으며 경제력도 압도적인 1위로 캘리포니아주 하나만 떼어놔도 전 세계 상위 10위권에 속한다. 세계대전에서는 독일과 일본과의 전투에서 승리를 이뤄내는 면모를 보여주었으며 2위부터 10위까지 나라의 국방비 합계보다도 많은 국방비를 쓰는 압도적 국방비 지출 1위인 나라이기에 천조국으로 알려져 있다.

　　교육에 있어서도 미국은 세계 최고의 대학들을 많이 보유하고 있으며 노벨상 수상자수도 377명으로 전 세계에서 가장 많은 수상자를 배출하고 있다. 또한 미국은 비행기, 원자폭탄, 전화기, 텔레비전, 컴퓨터, 인터넷 등을 발명하였으며 달에 인간을 최초로 착륙시킨 성과도 가지고 있다.

그렇다면 미국은 왜 강대국인가.

원래 사람도 그렇듯 모든 것은 처음 시작이 가장 중요하다. 이러한 점에서 미국은 지리적으로 유리한 위치를 가지고 있다. 알래스카를 제외한 미국의 영토는 너무 덥지도 않고 춥지도 않은 중위도 지역에 정확히 위치하고 있다. 이는 '제일 살기 좋은 위도'에 딱 걸쳐있다는 의미이다.

또한 동부에서 중서부까지의 광활한 지역은 대평원으로 이루어져 있어 식량 자급은 당연하며 수출도 가능하다. 미국 중서부 주들은 옥수수 재배 면적만 해도 일본 전체 면적과 비슷하며 매년 과잉 생산으로 남아도는 옥수수가 농업을 중심으로 하는 주들의 고민거리일 정도이다. 바로 위에 위치해 있고 국토 면적도 비슷한 캐나다는 위도가 높아 거의 전체 땅이 얼어있다. 이것만 보아도 미국의 위치는 매우 우월하다. 전 세계에서 영토 면적 1위인 러시아도 캐나다랑 다를 바 없다.

호주는 대륙 하나를 가지고 있지만 일부 해안지역을 제외하면 사막지대가 많다. 중국도 서부로 갈수록 사막, 고원, 히말라야산맥 등 다양한 지형을 가지고 있고 동서남북으로는 여러 나라와 국경을 접하고 있어 안심하기 어렵다. 반면 미국은 북쪽에 캐나다, 남쪽의 멕시코를 제외하면 이웃나라가 전혀 없으며 가장 중요한 것은 양옆으로 태평양과 대서양이 인접해 있어 미국을 공격하기 위해서는 광대한 대양을 건너야 한다는 것도 미국 위치가 가진 크나큰 장점이다. 다만 위아래 방향으로는 막혀 있어서 태평양과 대서양을 오가는 게 문제였지만 루스벨트 대통령은 콜로비아에서 파나마를 독립시키고 지협을 뚫어 운하를 만들어버리며 대양을 오가는 문제를 해결했다.

또 알래스카와 하와이가 있는 미국은 북극권과 태평양에도 거점을 가지고 있다. 미국은 크지만 동서로 너무 길지도 않아서 교통 네트워크를 조밀하게 구축할 수 있다. 러시아만 봐도 철도를 놓기 전까지는 시베리아를 가려면 매우 긴 여정과 위험을 감수해야 했다. 반면에 미국은 좋은 도로와 철도를 가지고 있어 태평양과 대서양 사이의 물류 이동이 원활하며, 철도가 없던 시절에도 미주리강, 미시시피강, 오하이오강 등이 있어 동서 간의 물류 이동이 수월하였다.

중국과 비교해보면 중국의 거대한 강들은 대부분 서에서 동으로 흐르기 때문에 수나라 때 '수 양재'가 대운하를 짓는다고 나라가 망했으며, 나중에 경항대운하가 만들어져서 현재까지도 사용을 하고 있다고 하는데 미국은 자연적으로 대운하였다.

미국에도 동과 서를 가로막는 로키산맥이라는 장애물이 있지만 로키산맥은 기본적인 산업에 필요한 다양한 광물부터 오늘날 첨단 산업에서 필수적인 희토류까지 풍부한 자원들이 매장되어 있다. 그러나 채굴하면 환경오염 문제가 있기에 미국은 그 자원을 채굴하지 않고 외국에서 수입을 하고 있다. 네바다주와 캘리포니아주 접경지대에는 매우 좋은 품질의 희토류가 매장되어 있어 만약 중국이 희토류 수출을 중단하면 미국은 자기 나라의 희토류를 채굴하면 되는 것이다.

에너지 측면에서도 미국은 석유 생산량에서 1위이며, 애초에 석유가 석탄을 대신해 실용적으로 사용된 것도 미국이 그 시작이었다. 1859년 펜실베이니아에서 유전 굴착 기술이 발병돼 가격경쟁력이 생기면서 대석유시대가 시작되었고, 오늘날 석유로 유명한 중동 국가는 그 후 20세기부터 본격적으로 석유를 생산했다. 미국은 또한 셰일 오일 발견으로 인해 에너지 자원 강국이 되어버렸다.

미국은 전 세계 1위 석유 생산량임에도 불구하고 석유 수입까지 세계 1위를 차지하고 있다. 대부분의 원유 생산 강국들은 자국에서 석유를 소비하고도 남아서 수출하는데 반해 미국은 생산력과 소비량 모두 좋다. 그렇다면 이런 좋은 위치에서 원주민들은 무엇을 했을까?

미국의 위치가 좋음에도 불구하고 원주민들은 유럽을 침략한 것이 아니라 오히려 침략을 당하게 된다. 침략당한 이유는 다양하나 기본적으로 아메리카 대륙이 동서로 긴 형태가 아니라 남북으로 긴 형태인 것이 근본적인 이유이다. 지금이야 동서로 짧은 게 미국의 장점이지만 선사시대를 생각해 보면 이것은 절대 장점이 될 수 없다. 위도가 같으면 온도와 생활 습관 등이 같기 때문에 동서로 교류하는 게 남북으로 교류하는 것보다 훨씬 쉽다.

비슷한 위도상에 위치한 문명들끼리는 비록 내륙의 사막이나 산맥 등 장애물이 있더라도 기후가 비슷하기 때문에 어떻게든 지나갈 수 있으며 세계 4대 문명이 탄생한 유라시아와 북아프리카만 봐도 동서로 아주 긴 지형을 가지고 있다. 즉 이러한 지역들은 사람이 살기 좋은 중위도 지방에 넓게 분포되어 있으며 또 쌀이나 밀 같은 식물들이 각지에서 작물화될 기회도 많았고 그렇게 작물화된 식물들이 문명 사이에서 교류되며 퍼져나갔다.

가축도 마찬가지다. 유라시아에는 소, 말, 돼지, 양, 닭 같은 유용한 동물들이 분포해 있어서 농사, 이동, 식량, 의류에 이르기까지 다양한 용도로 사용되었고 가축화가 진행되었다. 그리고 한편으로는 이런 가축들의 영향으로 전염병이 주기적으로 창궐하여 세대를 거듭하면서 면역력이 쌓이게 된다.

반면 아메리카는 동서로 짧고 남북으로 길기 때문에 문명이 발달하기 좋은 중위도 지역이 한정적이었다. 북쪽은 수렵, 채집으로 살아가야 하는 얼어버린 땅이 넓고 남쪽으로 갈수록 좁아지는데 중앙아메리카까지 가면 아예 지협 수준이 되었고 남아메리카에는 거대한 열대우림과 고산지대가 펼쳐져 있었다.

　　그렇게 지금의 아르헨티나가 자리 잡은 지역에 가서야 살기 좋은 중위도 지역이 다시 나타나게 되는데 운명의 장난인지 이쪽 문명은 중위도가 아닌 좁다란 중앙아메리카의 정글 지대와 남아메리카의 고산지대에서만 큰 발전을 하게 되어버렸다.

　　이는 옥수수와 같은 식량 작물, 그리고 라마나 알파카처럼 짐이라도 운반할 수 있는 가축들이 그나마 이쪽에 몰려있기 때문인 것으로 보고 있으며 땅은 중위도가 좋지만 재료가 없었던 것도 원인으로 보인다. 즉 유라시아의 경우 땅이 붙어있었기에 문명이 퍼지는 속도도 빨랐고 주변의 영향도 받으면서 성장하고 전쟁을 많이 하면서 발전하게 된다. 즉 싸우면서 같이 크게 돼버린 것이다.

　　하지만 아메리카는 영향을 줄 수 있는 이웃 문명이 없었기 때문에 그렇게 발전을 하지 못하게 되었다. 원주민들이 쉽게 제압을 당한 것도 이런 영향과 '전염병'까지 더해져 유라시아에서 쉽게 아메리카를 차지할 수 있었던 것이다. 이렇게 '미국'은 유라시아와 같이 중위도에 위치해 있었기 때문에 유라시아와 동일한 문화를 형성할 수 있었고 이런 것들로 인해 급격한 발전이 가능해진다.

유라시아의 산업혁명의 붐은 미국에도 전해졌고 1830년대는 1,275만 명에 불과했던 인구가 1890년대에는 6,887만 명까지 증가하게 된다. 특히 1860년대에는 산업혁명의 호황기를 맞이하며 석유왕 록펠러, 철강왕 카네기, 금융왕 JP모건과 같은 대표적인 기업가들이 미국의 광란의 시대를 대표했으며 밤을 지배했던 알 카포네도 이 시기의 인물이다. 이 시기에는 돈이면 무엇이든 할 수 있는 황금만능주의 시대가 열렸으며 재즈의 시대, 즉 파티의 시대는 1920년대까지 이어져 유럽은 전쟁에 휩싸여 있었지만 미국은 유럽에 무기를 팔아 돈을 벌며 호황을 경험했다. 이것이 미국이 절대적인 강대국이 되는 시발점이 되었다.

제1차 세계대전의 발단은 독일의 빌헬름 황제가 비스마르크와의 의견 충돌로 인해 비스마르크를 사임시키며 독일도 해외 식민지를 시도하게 되면서부터 시작한다. 이런 과감함으로 독일은 식민지를 성공적으로 확장하며 기고만장해졌고 동맹 국가인 러시아와의 동맹을 해지한다. 이에 따라 러시아는 프랑스와 동맹을 맺게 되었고 독일은 프랑스와 러시아의 양쪽으로 견제되는 불리한 위치에 자리하게 된다. 또한 독일은 해군력이 바탕이 되는 식민지 확장을 위해 영국과의 관계도 악화시킨다. 이러한 상황이 지속되며 독일과 프랑스, 영국, 러시아와 대립구조가 형성되기 시작하였고 세르비아 청년이 오스트리아 대공을 암살하는 사라예보 사건이 발생하게 된다. 러시아가 세르비아를 지원하고 있어 오스트리아는 어쩔 줄 몰라 했지만 독일이 오스트리아를 지원하면서 오스트리아가 세르비아를 공격하게 된다. 독일과 오스트리아, 오스만제국, 불가리아가 동맹국으로, 러시아와 세르비아 그리고 프랑스와 영국, 벨기에가 연합군으로 합세하며 제1차 세계대전은 시작된다.

독일은 발 빠른 근대화가 진행되고 있었기에 당당한 자세를 취하며 슐리펜 전략을 통해 전쟁을 빠르게 종결시키려고 했다. 그러나 프랑스와 러시아가 예상보다 잘 버텨내면서 전쟁은 4년간 지속되었다. 이 상황 속에 미국은 유럽과는 달리 가문과 신분제도가 존재하지 않았고, 독립국가로서의 자부심을 가지고 있었기 때문에 유럽과는 거리를 두어야 한다는 고립주의를 가졌다. 이에 미국은 전쟁에 참전하지 않았고, 전쟁 국가에 무기를 판매하여 이득을 취하는 입장을 취한다.

영국은 미국에 지원을 요청하기도 했지만 거부당하며, 영국은 미국이 고립주의로 전쟁에 참전하지 않는다는 사실을 알게 된다. 이에 영국은 독일이 멕시코와 동맹을 맺고 미국을 공격한다는 비밀 기설을 미국이 아닌 언론사에 유포하였고 윌슨 대통령은 언론의 압박을 이기지 못하고 독일에 전쟁을 선포하며 독일의 패배로 전쟁은 끝이 난다.

전쟁은 끝이 났고 미국은 호황을 이어가지만 그 호황은 대공황을 만들었다. 1929년이 그 시작이었다. 유럽보다 미국에서 대공항이 먼저 일어난 이유는 미국은 식민지를 보유하지 않았는데 유럽은 식민지를 가지고 있었던 것에서 비롯된 수요와 공급의 불균형으로 인한 것이었다. 이는 미국이 호황이 계속될 것이라고 생각했던 안일함 때문이었다.

대공황으로 인해 미국은 4년 동안 900개의 민간은행이 파산되었고 실업률도 25%에 이르게 된다. 불화의 시기가 찾아와 공산주의와 사회주의가 급속도로 퍼져나갔으며 미국에는 루스벨트가 등장하여 자유방임주의를 없애고 뉴딜정책을 펼친다. "우리가 두려워할 것은 두려움 그 자체이다."라는 명언과 함께 모든 은행의 업무를 중지하며 은행 개혁에 착수하고 댐 건설로 일자리를 창출하고 나무 심기 사업 등을 진행해 청년들에게 희망을 주었으며 문화와 예술에 투자하기도 했다.

루스벨트는 미국에서 유일하게 4연임을 한 대통령이며 미국인들 사이에서 가장 좋아하는 대통령 중 한 명으로 평가되고 있다. 그러나 이런 루스벨트의 노력에도 미국의 대공황을 극복한 것은 다름이 아닌 제2차 세계대전의 발발이었다.

제2차 세계대전하면 떠오르는 인물은 독일을 사랑했던 오스트리아인 히틀러다. 히틀러는 제1차 세계대전에서 살아남은 경험을 가지고 있었으며 죽을 고비를 넘기며 살아남는 일이 계속되자 자신이 대단한 사람이라고 착각하며 독일을 사랑하게 된다. 히틀러는 독일을 너무 사랑한 나머지 이런 사상들을 연설하기 시작하였고 사람들은 그 연설에 열광하게 된다. 당시 독일은 패전국이라 패배자의 인식을 강하게 가지고 있었기 때문에 가능했던 일이었다. 이런 상황을 노동자당에서 보게 되고 히틀러는 정당에 입성했으며 1920년에는 자신만의 정당인 나치당을 창당하게 된다.

히틀러는 1923년에 뮌헨을 장악하기 위해 쿠데타를 시도하며 반역죄로 체포되기도 한다. 이때 대국민 앞에서 연설을 하는데, 이는 히틀러가 지역구 스타에서 전국구 스타의 위치로 발돋움하는 사건이 되었다. 이 당시의 히틀러는 패전 이후 패배감에 빠진 독일의 구세주였다. 이에 히틀러는 반역죄로 사형을 선고받았지만, 13개월 만에 가석방되고 1929년엔 대공황이 찾아온다.

미국이 무너지자 다른 나라들도 차례로 무너지는 상황에서 독일은 재기가 어려운 상태가 되었고 이때 히틀러의 지지도는 최상에 달하게 된다. 이렇게 히틀러는 총리가 되었고 '수권법'을 통과시키며 독재의 시작을 알린다. 패전국이었던 독일은 베르사유조약을 파기하고 독일군을 무장시키며 게르만 우월주의 사상을 펼치게 된다. 이런 독일의 행동은 다른 나라에서는 긍정적으로 받아들이지 않았다. 영국과 프랑스는 뮌헨 협정을 맺으며 경고하지만 뮌헨 협정을 통해 나타난 영국과 프랑스의 저자세는 오히려 독일이 폴란드를 무력 침공하는 계기를 만들고 이는 제2차 세계대전의 시작이 된다.

이후 독일은 '할머니가 돌아가셨다'라는 작전명으로 프랑스를 침공하고 독소불가침조약을 깨며 러시아도 침공한다. 하지만 시기는 추운 겨울이었고 스탈린의 러시아는 버텨내는 전략을 통해 독일을 패배시킨다. 또한 프랑스도 영국의 도움을 받아 승전을 거두며 독일은 완전히 패배한다. 이러한 상황 속에서 미국은 제1차 세계대전 때처럼 고립주의를 고수하며 대공황을 호황기로 변화시킨다.

이런 미국도 제2차 세계대전에 참가하게 되는데 의외의 나라는 일본이었다. 1910년 일본은 독점자본주의 체제에 진입하여 상품 생산이 증가하면서 공급이 증가하게 되는데, 이로 인해 일본은 제품의 판매처와 저렴한 원료의 공급지의 필요성을 느끼게 되며 식민지의 필요성도 인식하게 된다. 이렇게 일본은 우리나라에 식민지 사업을 시작하였고 수출주도형발전전략을 추진하게 된다. 인건비를 낮추고 쌀 가격을 저렴하게 만드는 전략을 통해 우리나라의 토지를 조사하여 쌀 생산을 제한했고 회사령을 통해 자본주의를 억제했다.

일본은 수출주도형 발전전략을 통해 제1차 세계대전 시기부터 경제적인 호황을 경험하지만 세계적인 대공황이 찾아오며 일본도 식민지의 필요성을 느끼게 되었다. 따라서 우리나라를 거쳐 만주까지 진출하며 1937년 중국을 공격한다. 이때 일본은 군함과 전투기 1위 국가였다.

이 당시 중국은 국민당의 장제스와 공산당의 마오쩌둥의 대립구조로 인해 내전 상태였지만 일본의 침공으로 휴전 상태로 전환하고 일본과 게릴라 전쟁을 벌이게 된다. 이로 인해 일본은 전쟁에 필요한 목재와 석유의 고갈 문제가 발생하였고 이를 해결하기 위해 인도네시아 인도차이나반도에서 자원을 얻을 수 있겠다고 판단한다.

인도네시아는 영국과 프랑스의 식민지였으나 제2차 세계대전 중이었기 때문에 군대가 없었고 이에 일본은 인도네시아를 침공하려는 계획을 갖게 되었다. 인도네시아로 가는 길에는 필리 핀이 있었는데 필리핀은 미국 식민지였다. 필리핀을 점령하지 않으면 인도네시아로 가지 못하기 때문에 일본은 필리핀도 점령하고자 했다. 미국이 필리핀에 지원하기 위해서는 멀리 떨어진 하와이를 거쳐와야 했기에 일본은 몰래 하와이의 진주만을 폭격한다. 일본은 미국의 고립주의를 예상하고 미국이 전쟁에 참여하지 않을 것으로 예상했지만, 미국은 참전하게 되고 나가사키와 히로시마에 원자폭탄을 투하하며 전쟁을 마무리한다. 루스벨트의 갑작스러운 사망으로 미국은 강국임을 과시해야 했는데, 당시는 스탈린의 러시아가 일본에 개입하려고 하는 상황이었다.

두 차례의 전쟁을 통해 강대국으로서의 미국의 힘이 증명되었고 유럽에서 무기를 수입하던 돈은 미국으로 흘러가게 된다. 이로 인해 1944년 브레이튼 우주 체제에서 금의 대리인이 파운드에서 달러로 바뀌고 패권은 자연스럽게 영국에서 미국으로 넘어간다.

또한 전쟁을 통해 루스벨트는 석유의 중요성을 깨달았으며 사우디아라비아 이븐 사우드 왕과 비밀회담을 통해 석유의 특권을 받아오기도 한다. 이러한 복합적인 요인들이 결합하여 현재의 미국을 형성하게 되었다.

미국의 경제 체제는 자본주의 시장 경제로, 풍부한 천연 자원을 보유하고 있으며, 기반 시설이 잘 갖추어져 있고 높은 생산성을 누리고 있다. 미국이 부유한 경제를 이룩한 것은 풍부한 인적 · 물적 자원의 존재와, 자유무역, 기술혁신이 뒷받침된 국내 산업이나 해외에서의 활발한 투자활동, 세계 최대수준의 폭넓은 중산층과 낮은 인플레이션으로 인한 구매력, 견실한 금융시장으로 대표되는 고도의 자본주의 체제에 의한 것이다. 미국의 경제는, 세계최대의 국민경제로, 그 동향은 국제경제에 커다란 영향을 미치고 있다. 미국의 GDP는 세계 최대 규모이다.

중국인 이야기(인맥, 그리고 망설이지 않음)

———

유대인 다음으로는 어느 나라 사람이 가장 큰 영향력을 가지고 있을까? 바로 중국인이다.

중국인은 명나라와 청나라 때부터 이미 돈에 대한 집념과 땅에 대한 선호를 보였는데, 이러한 경향은 유대인과 함께 세계에서 가장 높은 수준이었다. 그 결과 중국인과 화교는 세계 각지에서 주목을 받으며 부자로 성장하고 있다. 중국인은 인맥을 중요시하는 민족이다. 따라서 그 인맥은 가족으로부터 시작해 아버지가 사업가로 뿌려놓은 인맥이라 할 수 있는 아버지의 사업 파트너, 어머니, 친척 등 다양한 인맥 형성에 적극적이다.

중국인의 모토는 '망설이지 않는다'는 것이다. 만난 사람과 일단 연락을 취하고, 필요한 사람을 찾을 때에도 거침없이 물어본다. 약속한 일은 지키며, 이를 통해 평판과 신뢰도가 쌓이게 되는데 사업상 중요한 거래처, 예비 고객, 이해관계자와의 관계가 틀어지지 않도록 주의한다.

이렇게 차근차근 좋은 인맥과 네트워크를 구축함으로써 중국인은 거래처나 비즈니스에서 매력적인 기회를 놓치지 않도록 만든다. 이러한 특성은 일본과 대조적이다. 일본의 경우 소극적인 면모를 보이는 경향이 있는데 중국의 성격과 일본의 성격을 비교하면 우리나라는 그 둘의 중간 정도로 볼 수 있다.

일본에서 부를 만드는 원인 중 하나도 인맥과 네트워크이지만 이는 중국과는 다른 방식으로 형성되는데, 초등학교부터 엘리트 코스를 진학하며 형성되는 인맥이기 때문에 중국과는 결이 다르다. 이렇게 일본은 대학에 많은 중요성을 부여하고 있으며 삼성 이재용 회장이 일본 게이고 대학에 집중했던 것도 이러한 인맥을 얻고자 한 것이라는 사례는 유명하다.

유대인도 도피생활을 하며 각 나라에서 촌락을 형성하여 촌락 간의 네트워크를 통해 정보를 교환하며 부를 형성하였다. 이를 통해, 나라의 성향에 따라 차이는 있지만 인맥과 네트워크는 예로부터 부를 형성하는 전형적인 특징이라는 것을 알 수 있다.

중국은 부유한 사람들이 많이 있으며 세계 부자 순위에서 상위권에 위치하고 있다. 세계 부자 50위 중 약 7명이 중국인이며, 10억 달러(약 1조 원) 이상의 부를 가진 사람들의 수는 미국보다 중국이 훨씬 많다.

중국의 최고 부자는 농산물과 음료회사인 농푸산취안의 창업자 중샨샨 회장으로, 약 860억 달러(86조 원)의 자산을 보유하고 있다. 2위는 틱톡 창업자인 장이밍으로, 약 460억 달러(약 46조 원)의 자산을 가지고 있으며, 3위는 중국의 대표적인 배터리 제조업체인 CATL(닝더스다이)의 쩡위췬으로 430억 달러(약 43조 원)의 자산을 보유하고 있다. 그 외에도 청쿵 그룹 회장 리카싱, 텐센트 회장 마화텅, 넷이즈 회장 딩레이 등이 있으며 알리바바의 창업자 마윈도 중국 최고 부자 9위에 올라있다.

이에 중국의 시진핑 국가 주석은 '공동 부유'를 강조하며 부의 분배를 중시하고 있다. 이 공동 부유론은 빈부격차의 심화를 막기 위한 거대 기업들에 대한 규제로 이어져 틱톡 창업자 장이밍 등 젊은 창업자들은 조기 은퇴를 선언하기도 한다.

이런 상황 속에 중국 기업들의 주가는 좋지 않지만, 관영 글로벌타임스는 "중국이 75명의 새로운 억만장자를 추가하면서 여전히 세계 1위를 차지했다"라고 보도하여 10억 달러(1조 2,000억 원) 이상 중국 부자는 지난해보다 75명이 늘어난 1,133명으로, 미국(716명)과 인도(215명)보다 앞섰다고 보도했다.

중국은 황하문명에서 발현된 국가로 요나라의 거한 민족, 원나라의 몽고족, 그리고 청나라의 만주족이 세운 나라이다. 현재는 명나라에 이어 한족이 지배하나 사실상 순수한 한족은 아니고 여러 민족이 합쳐진 다민족국가라고 할 수 있다.

한족이 형성된 한나라 건국은 기원전 200년대 이후라고만 해도 약 400년 동안 한나라가 존재하였고, 삼국지 시대와 이후의 위~서진에서는 약 100년, 송나라에서는 약 300년, 명나라에서는 약 300년, 중화민국과 중화인민공화국에서는 약 100년 동안 지배했다. 또한 오호십육국, 송/요 또는 송/금으로 서로 나누어져 있었으며 '비한족 통일 정권'도 수(약 30년), 당(약 300년), 원(약 100년), 청(약 300년)으로 중국 역사에서 중요한 역할을 했다.

중국인은 중국 대륙과 중화권에서 살아온 동아시아의 민족으로 중국어를 사용하며, 중국, 대만, 홍콩, 마카오, 싱가포르의 민족이다. '한족'이라는 민족 명칭은 중국문화를 정립한 한나라에서 유래되었다. 중국은 세계에서 두 번째로 인구가 많은 민족이지만 중화인민공화국의 한족 인구와 중국 국외의 화교들의 인구를 합치면 세계에서 가장 인구가 많으며 중국 본토뿐만 아니라 4천만 명 이상의 해외 한족 이민자, 즉 화교가 세계 거의 모든 나라에 퍼져있다고 볼 수 있다.

대표적으로 싱가포르는 화교가 인구의 70~80%로 화교가 건국한 국가이다. 말레이시아도 전체 인구 중 화교가 20~25% 정도이다.

주나라 시절에 형성된 '중화사상'은 초기에는 "천자의 영향력을 순순히 받아들이는 이들은 문명인이며, 나머지들은 야만인이고 문화가 없다."라는 사상에서 시작되었다. 중국인들이 대규모로 해외로 이주한 것은 근대 시기 때부터로 명 론칭 황제가 1567년 해상무역 금지를 해제한 이후부터 1842년 아편전쟁이 발발하기 전까지 해외 거주 중국인은 약 1백만 명에 지나지 않았다.

하지만 아편전쟁 이후부터 제2차 세계대전 전까지 1백 년 동안 1천만 명의 중국인이 해외로 이주했으며 제2차 세계대전 이후, 특히 1970년대 후반부터는 약 4백만 명의 중국인이 해외로 나가게 된다. 이로 인해 화교, 화인의 역사는 최근 150년간 형성되었고 이 기간 동안 화교, 화인들은 거주국의 정치, 경제, 사회, 문화적 환경에 적응하면서 각 국가마다 독특한 화교, 화인 사회를 형성하게 된다.

이렇게 싱가포르 인구의 70~80%가 화교이기에 싱가포르는 화교가 건국한 국가로 알려져 있으며 말레이시아 전체 인구 중 20~25%도 화교이다. 수도 쿠알라룸푸르는 이주한 중국인들이 개척한 도시로, 화교 인구가 많다. 또한 풀라우피낭, 사라와 등도 화교 인구가 많은 도시로 알려져 있으며, 오세아니아의 크리스마스섬도 화교가 가장 많은 인구를 차지하고 있다.

화교는 전 세계 각지에 정착하여 살아가는 중국계 혈통을 가진 사람들을 가리키며, 최근 발간된 화교화인 연구 보고서에 따르면 전 세계에 분포한 화교는 6,000여만 명이며 이 중 동남아시아 화교가 4,264만 명으로 전체 화교의 73.5%를 차지하고 있다.

따라서 동남아시아 화교는 화교 중에서도 가장 막대한 영향력을 발휘하고 있으며 2019년에는 미국 경제잡지 포브스가 발표한 동남아시아의 부자 상위 10명 중 9명이 화교 기업인이었다. 동남아시아 화교 자본은 1조 달러를 훌쩍 넘어서며 화교가 운영하는 기업들은 동남아시아 지역 주식시장 상장사의 70%를 차지한다는 통계도 있다.

태국은 화교 인구가 1,000만 명에 육박하는 대표적인 국가인데 태국 총자산의 최대 90%를 화교가 점유한다는 연구 결과도 있으며 포브스가 발표한 전 세계 500대 부자 순위에 이름을 올린 태국 부자 7명 중 4명이 화교이다. 그러니 화교 없이는 태국 경제도 없다는 말도 나온다. 최대 소매 유통 그룹인 CP 그룹을 운영하는 다닌 치아라와논드 회장, 태국의 국민 맥주로 불리는 창 맥주 그룹을 운영하는 짜런 시리와타나팍디, 에너지 음료 레드불로 유명한 태국 화빈그룹의 옌빈 회장도 화교다.

인도네시아도 20대 기업 중 18개가 화교 기업이며 1위와 2위는 인도네시아 최대 민간은행인 BCA은행과 인도네시아 대표 담배 기업 자룸을 운영하는 화교인 하르토노 형제가 차지하기도 했다. 말레이시아에서는 10대 부자 중 8명이 화교이며 호텔왕이자 설탕왕으로 불리는 곽씨 형제그룹을 운영하는 로버트 콱은 2006년부터 단 한 번도 1위를 놓치지 않았다.

싱가포르에서도 1위와 2위 부자는 화교 출신이다. 1위는 부동산 개발업체인 파이스트를 운영하고 있는 로버트와 필립 응 형제이며 2위는 페인트 재벌 고청량이다. 필리핀에서는 전체 인구에서 화교의 비중은 1%가 조금 넘지만, 현지 경제의 70%를 장악하고 있으며 필리핀 최대 재벌인 SM 그룹의 헨리시 회장도 대표적인 화교 인물이다. 2위인 식품회사 JG 서밋홀딩스의 존 고콩웨 회장도 필리핀의 홍콩 최대 갑부로 알려진 화교 부자이다.

중국 부자층은 주로 수도인 베이징과 경제 수도로 불리는 상하이에 집중되어 있으며. 각각 72만 8,000가구와 62만 1,000

가구로 압도적인 우위를 차지하고 있다. 베이징과 상하이 양대 도시에 중국 전체의 자원이 몰려있다는 것을 알 수 있으며 그다음은 선전, 광저우 등 광둥성에 위치한 도시가 각각 3위와 4위를 기록하기도 하였다.

최근 보고서에 따르면, 600만 위안 이상의 자산을 보유한 가구의 자산 합계는 160조 위안(3경 400조 원)에 이르며, 이는 중국의 지난해 중국 국내총생산(GDP)의 약 1.6배에 해당하는 규모이다. 이렇듯 상위 계층으로 돈이 집중되는 현상을 지속적으로 강화되고 있으며 보고서는 향후 10년 이내 18조 위안(약 3,420조 원), 20년 이내 49조 위안(약 9,310조 원), 30년 이내에 92조 위안(약 1경 7,500조 원)이 다음 세대로 이어질 것으로 분석했다.

중국과 화교권 국가들은 아직까지 상속, 증여세가 없는데, 이는 사회주의 국가이기 때문에 재산권 규정이 완전히 정립되지 않았고, 경제개발과 더불어 본격적으로 부가 축적된 지 얼마 되지 않았기 때문에 아직 부의 대물림이 이뤄진 사례가 적은 것도 원인으로 보인다.

그래서인지 삼성 상속에 관한 뉴스가 종종 중국 신문에 등장하는데 2020년 12월 삼성 고(故) 이건희 삼성 회장의 유산에 대해 역대 최대 규모인 12조 원 이상의 상속세를 납부한다는 뉴스가 중국 신문을 장식하기도 했다. 기사에는 한국 상속세는 전 세계에서도 높기로 유명하며 과세표준이 30억 원을 초과할 경우 상속세율이 50%에 달한다는 내용도 실렸다.

2021년 11월에는 이부진 신라호텔 사장이 보유 중인 삼성전자 주식 253만 주를 담보로 1,000억 원을 대출받았다는 뉴스도 실렸으며 중국 언론은 삼성가가 유산 26조 원의 절반에 육박하는 12조 원의 상속세를 납부해야 한다며 "삼성그룹의 장공주(임금의 누이) 마저 대출로 세금을 낼 정도이니 유산세가 얼마나 무서운지 알 만하지 않냐."라고 언급하기도 하였다. 삼성의 상속세 납부 뉴스가 중국에서 주목을 받는 건 중국 부유층 수가 500만 가구를 돌파할 정도로 급증했기 때문이며 중국 민영기업 중 상당수가 가족기업이며 아직 지분을 증여한 비중이 낮은 것도 그 이유 중 하나다.

중국의 발전은 1979년 개혁개방부터 시작되었다고 볼 수 있으며 개혁개방이 먼저 이루어진 것은 단연 농업혁명에서였다. 이는 농업생산력을 증가시켰으며 농업의 잉여 노동력이 생산성이 높은 제조업과 같은 2차 산업으로 순탄히 재배치되어 도시화가 진행되었다.

이러한 절차를 밟으며 농업개혁 후 도시개혁으로 정책이 진행되었고 이는 유명한 덩샤오핑의 선부론이 바탕이 되었다. 선부론은 "일부가 먼저 부유해진 뒤 이를 확산한다."라는 의미로, 사회주의 시장경제론이 도입되었으며 검은 고양이든 흰 고양이든 쥐만 잡으면 되는 정책이 앞장서게 되었다.

중국은 선부론에 따른 낙수효과가 일어났지만 그만큼 빈부격차도 커지게 되면서 지금의 중국은 선부론으로 확장한 부를 공동부유의 개념으로 변화시키고 있다.

한국인 이야기(득과 실)

한국의 경제 발전을 알리는 가장 중요한 요인 중 하나는 농지를 개혁했다는 점에 있다. 인도가 농지개혁을 제대로 이루지 못하여 페티 클라크 법칙을 무시했다면 한국은 농지개혁을 성공시켰다는 것만으로도 첫 단추를 잘 끼웠다고 할 수 있다.

1945년 일본의 항복 이후 북한에는 소련이, 남한에는 미군이 들어오게 되었다. 미군은 한국 내의 일본 재산을 몰수하고 이를 미군정 산하의 신한공사로 이관하게 된다. 미군정은 일본인들로부터 빼앗은 재산 중 농지는 그 땅을 경작하던 소작농들에게 할부 형식으로 넘겨주게 되었는데 매년 생산량의 20%를 소작료로 국가에 납부하면 15년 후에는 본인 땅이 되는 조건이었다.

그 당시 지주들은 산출물의 25%를 나라에 세금으로 내기만 하면 되었지만 지주와 소작농 사이의 계산법이 달랐다. 조선 말기에는 지주와 소작농이 추수한 곡식을 반씩 나누는 것이 일반적이었지만, 씨앗값이나 지주에게 빌린 소값 등이 추가되어 생산량의 70% 정도가 지주에게 돌아가게 되면서 소작농에게는 남는 것이 없었다.

이러한 상황에서 미군정이 제시한 조건은 생산량의 20%를 15년 동안 소작료로 지불하면 경작하던 땅이 자신의 땅이 될 수 있다는 것이었기에 당연히 소작농들에게는 솔깃한 제안이었다. 일본인이 소유했던 땅들이 미군정을 통해 소작농에게 불하되며 전체 농민의 24% 정도가 자기 땅을 가진 자영농이 되었으며 이에 따라 미군정에 대한 이미지가 개선되었다. 이와 비슷한 농지개혁은 미군정의 점령지인 일본에서도 시행되었으나 일본은 40년 동안 소작료를 납부해야 토지를 소작농의 소유로 얻을 수 있었다.

이 당시 레닌과 스탈린이 이끈 공산당은 점령한 지역의 토지를 무상으로 몰수하여 농민들에게 무상분배를 하는 농지개혁을 시행하며 농민들을 아군으로 만들었고, 농민들의 지지를 받아 병력 보충과 식량보급을 쉽게 이뤄낼 수 있어 소련 공산당은 승승장구할 수밖에 없는 상황이었다.

1940년대 한국도 지주들의 과도한 소작료 요구로 인해 소작농들은 굶어 죽지 않는 정도의 생활밖에 할 수 없었고 이에 공산주의로 이어질 가능성이 높았다. 이에 미군정은 공산주의를 막는 방안으로 일본 소유 토지를 소작농에게 나눠주는 농지개혁을 하게 된 것이다.

이승만 대통령은 한국의 초대 대통령으로서 젊은 시절부터 농지개혁을 해야 민주주의가 이뤄진다는 이야기를 해왔다. 발표한 과도정부 당면 정책을 보면 "일본인이나 반역자들의 재산을 모두 몰수하여 국유화하고, 몰수된 토지는 농민들에게 분배하고 우리 정부 수립 후에는 농지개혁법이 가장 먼저 제정될 것"이라고 발표하면서 농지개혁에 대한 의지를 보인다. 또한 이승만 대통령 본인도 20대부터 30년간 해외 생활로 인해 한국에 보유한 재산이 없었기에 이 문제에 부담이 없었다.

당시 농지개혁에 있어 가장 큰 반대세력은 한민당이었는데, 이는 한민당이 지주들의 지지를 기반으로 한 정당이었기 때문이다. 한민당 의원들 중에는 대지주가 많았기 때문에 농지개혁을 시행할 시 가장 큰 피해를 입게 될 입장이었다.

이승만 대통령이 조봉암을 농림부 장관으로 지명한 것은 이승만 내각의 중요한 사건 중 하나였다. 조봉암이 장관이 될지 아무도 몰랐고 조봉암도 자기가 장관에 임명되는 것을 사전에 몰랐다고 할 정도였다. 조봉암은 무소속 의원들 72명을 모아서 무소속 구락부를 만들고 대표로 선출된 상황이었기에 이승만 대통령은 조봉암에게 농지개혁을 맡긴 후 실무책임자인 농지 국장에 조봉암의 지지자로 꼽히던 강진국을 임명하며 힘을 실어준다.

조봉암은 장관이 되자마자 평소에 소신으로 가지고 있던 농지개혁을 강하게 추진하여 소유주가 직접 경작하지 않는 9천 평 이상 토지는 전부 유상몰수했고 소작농들이 연간 30%로 5년만 납입하면 소작농의 땅이 될 수 있도록 분배한다. 이는 미군정의 농지개혁보다 더 파격적인 조건이었으며, 전체 농지의 2/3에 해당하는 폭넓은 개혁이었다.

이승만 대통령은 조봉암을 말리는 척하면서도 4개월이라는 짧은 시간 내에 농지개혁을 허용하여 조봉암의 의지를 실현시키는 모습을 보였다. 1949년 6월 23일 국회 본회의에서 농지개혁법이 통과되었으며, 이로 인해 조봉암에 대한 한민당의 반감과 전국의 지주들의 저항이 크게 일어나기도 한다. 한민당은 감찰위원회에 조봉암이 양곡 매입비로써 비리를 저질렀다고 고발했는데, 농지개혁법이 대의명분이 강하고 당시 인구 비중이 높았던 농민들의 호응이 크자 조봉암을 비리로 엮어서 공격하려고 했던 의도인 것으로 해석된다.

조봉암은 "단 한 푼도 개인적인 사용은 없다. 그럼에도 신문에 발표하고 국회에 보고해 장관을 망신시키는 것이 어느 나라의 도덕이냐."라고 반박하면서 장관 자리를 물러났는데, 이는 그 후 몇십 년 동안, 도시는 야당, 농촌은 여당을 지지하는 여촌야도가 시작되는 순간이었다.

농지개혁으로 저렴한 가격에 재산을 몰수당한 지주들에게는 우선적으로 국가사업에 참여할 수 있는 권리를 주어 지주들의 자산이 산업 자산으로 전환될 수 있도록 만들었다. 그러나 농지개혁 시행 직후 6.25 전쟁으로 인해 공산당이 남한에 들어오게 되고 이승만 정권의 농지개혁을 무효로 하고 지주의 땅을 무상몰수해서 농민들에게 무상분배를 한다는 발표를 한다. 외부적으로는 이승만 정부는 유상분배지만 공산당은 무상분배라 소작농 입장에서 공산당이 좋아 보였으나, 이들의 무상분배에는 문제가 있었다. 공산당은 농민들에게 무상분배한 토지 산출물 중 27%를 세금으로 가져가고 추가로 더 많은 부분을 가져가는 것이었다.

이보다 더 결정적인 것은 무상분배 받은 토지는 농민의 소유가 아니라 공산당 소유 땅을 빌려서 사용하는 구조였기 때문에 유상분배를 받은 남한 농민에게는 공산당의 무상분배는 이치에 맞지 않는 제도였으며 6.25 전쟁 직전에 실시된 농지개혁으로 대부분 자영농 경작지를 얻은 한국 농민들은 공산당에 호응하지 않게 되었다. 다만 농지개혁에 혜택을 받은 집단은 소작농이었고, 머슴들은 혜택을 받지 못했다. 조선시대에는 노비와 머슴이 존재했는데 노비는 정규직과 비슷하고 머슴은 계약직과 비슷했다.

조선말에 노비는 개혁으로 사라졌지만 머슴은 여전히 남아있었고 머슴은 자신이 일하는 곳을 정할 수 있는 계약직이라 처우는 나쁘지 않았다. '머슴밥'이라는 표현은 그들에게 밥을 더 주고 대우를 잘해줘야 다른 곳으로 가지 않고 거느릴 수 있다는 의미였을 정도였다.

중부지역같이 넓은 평야가 없고 작은 땅이 흩어져 있는 지역에서는 지주와 소작농이 많았지만 남부지역과 같이 넓은 평야가 있는 곳에서는 대지주와 머슴으로 운영되는 곳도 많았다. 소작농은 농지개혁을 통해 자영농이 되는 혜택을 받았지만 머슴들은 혜택을 거의 받지 못해 불만이 쌓이게 된다. 이로 인해 머슴들은 6.25 전쟁 이후 공산당이 무상분배를 실시할 때 혜택을 받게 되었고 공산당의 주요 지지 세력이 되기도 한다.

이는 한국에서 인민재판이 심하게 일어난 지역이 주로 대지주와 머슴 비중이 많았던 평야 지역이었던 이유이기도 하다. 당시 북한 지역에서 벌어진 무상몰수와 무상배분의 부작용이 한국에도 영향을 미쳤고 공산당은 북한 지역에서 농지를 무상몰수한 후 농지를 빼앗긴 지주들을 강제로 다른 지역으로 이전시켰는데 이들은 북한을 떠나 남쪽으로 이동하면서 반공에 가장 앞장서는 집단이 되기도 한다.

6.25 전쟁이 끝난 후 농지를 받은 농민들은 예전보다 여유로운 재산을 가지고 자식의 교육에 투자하게 된다. 1949년에 국민학교 의무교육이 도입되면서 국민학교 진학률은 1945년의 51%에서 1960년에는 98%까지 높아진다. 정부의 한정된 예산으로는 국민학교 의무교육을 확대하는 데 한계가 있었기 때문에 중학교와 고등학교는 사립학교로 운영되었다. 농지개혁 대상에서 교육기관의 토지를 제외시켜주자 지주들은 땅을 저렴하게 빼앗기는 것을 보완하고자 이 토지에 학교를 세우기 시작하였고 39개이던 중학교는 424개로, 이전에는 하나도 없던 사립 고등학교가 245개까지 설립되는 등 교육기반이 커지기 시작하는 발판이 되었다.

당시는 30대가 장관이 될 수 있는 시기였으며, 개천에서 용이 나는 일도 있었기에 부동산 투자보다는 이렇게 자녀의 교육에 투자하는 것이 더 유리한 것으로 여겨졌다. 이런 농민들의 교육 열정으로 인해 많은 교육을 받은 젊은이들이 대한민국의 한강의 기적의 기반을 이루었는데, 당시에는 공산주의 진영이 아닌 나라에서 농지개혁이 이루어진 것은 한국, 일본, 대만뿐이었다.

자원이 많아 성장에 유리했던 아시아의 다른 나라를 제치고 한국, 일본, 대만이 급속 성장한 이유 중 하나는 토지 관련 세금 개혁이 일어난 것이었고, 남미 등의 여러 나라가 아직 제대로 성장하지 못한 이유도 토지개혁에 있다. 농업의 발전과 산업화의 시작으로 경제성장이 급격히 일어나게 되며 산업 부분에서는 여성 노동력이 필요해졌다. 그 당시 경제성장을 주도한 산업 역군으로 여성들이 불리기 시작한 것이다.

1960년대 후반에는 다수확 품종인 통일벼 IR667이 발명되며 우리나라의 농업 발전에 큰 역할을 하였고 이로써 보릿고개 시대도 끝나게 된다.

그 후 베트남 전쟁이 발발하면서 미국은 베트남으로 물자를 운송하기 위해 컨테이너를 활용하게 되었고, 돌아오는 길에 컨테이너 빈 공간을 활용하여 상품을 싣고 일본에 들어오는 사업을 시작한다. 이로 인해 고베 항과 요코하마 항에 컨테이너 전용 부두가 생기면서 일본은 수출로 경제가 급성장하였고, 한국은 이러한 일본과 미국의 교섭을 파악하고 1978년에 부산에 컨테이너 전용 부두를 건설하여 컨테이너 항구를 개방하기도 한다.

일본의 고베 항은 컨테이너 전용 항구로 개방되어 1970년대에는 아시아 최대이자 세계 4위 컨테이너 항구로 성장하게 되지만 1995년 고베 대지진으로 인해 항구가 망가지자 선주들은 부산항으로 이동하게 되었고 부산항은 컨테이너 수송량이 크게 증가하여 우리나라에 호황을 가져다주기도 한다.

부산항으로 이동한 선주들은 일본의 고베 항 수리가 완료되었음에도 대부분 부산항에 머무르게 되었고 이는 부산항이 태풍이 적게 오는 지리적 장점을 가졌을 뿐더러 원칙보다는 효율을 중시하여 빠른 상하차로 화주들의 마음을 사로잡은 결과였다. 부산항은 지진 이후 세계 5위로 올라섰고 고베 항은 57위로 떨어져 경쟁에서 밀려나게 된다. 이렇게 베트남 전쟁 이후 한국은 조선업이 발전하게 되었다.

또한 이 시기에 한국의 반도체 산업도 시작되었는데 이 당시에는 일본이 '역시 일제가 최고다'라는 인식과 낮은 엔화 가치로 인해 무역 수출이 잘되어 호황을 누리고 있던 시기였다. 이때는 일본의 여러 기업과 협업을 맺어 전자기기를 만들었고 우리나라에 전자기기가 보급되기 시작했다. 이때 삼성전자 제품이 각광받게 되면서 삼성전자는 자리를 잡게 되었고 이병철 회장은 더 큰 사업으로 확장하고자 조선업에 뛰어들어 삼성중공업을 만들기도 했다.

1972년 1차 오일쇼크가 발생하면서 전 세계 경제는 불황으로 침체되었고 삼성 이건희 회장은 아버지 이병철의 반대에도 불구하고 파산 위기에 처한 반도체 회사를 인수하여 삼성 반도체의 탄생을 알렸다. 삼성전자뿐만 아니라 현대전자, 골든타이거 등의 기업들도 반도체 생산에 참여하였다.

　　자체 설비가 없어 계속 적자를 기록하였음에도 삼성전자는 반도체를 포기하지 않았고 계속적인 투자를 하면서 반도체 산업을 키워나간다. 반도체 기술 부분에서 미국과 일본의 대부분의 기업들은 안전한 트렌치공법을 선택했지만 삼성은 눈으로 하자를 볼 수 있는 스택공법을 선택하면서 4메가 D램 개발에 성공하게 되었다. 스택공법의 선택은 반도체 선두업체와의 격차를 줄이는 계기가 되었고 이로 인해 삼성전자는 세계 최대 반도체 제조사 중 하나로 성장하게 된다.

　　1990년대 중반부터는 한국의 반도체 기술이 글로벌 시장에서 높은 인정을 받게 되며 삼성전자를 비롯한 한국 기업들이 기술 개발과 투자를 통해 세계적인 반도체 기술 선두 주자로 발돋움하게 된다. 특히 삼성전자는 메모리 반도체, 플래시 메모리 등에서 세계 시장에서의 우위를 점하게 되며 2000년대에는 플래시 메모리 기술에 주력하면서 세계적인 시장 점유율을 높인다. 이로 인해 삼성전자와 SK하이닉스는 플래시 메모리 분야에서 어느 세계 시장에서도 손색이 없을 만큼의 주도적인 위치를 차지하게 되었는데 이는 한국의 성장의 밑바탕이 되었다.

그렇게 한국은 조선소와 반도체에서 세계적인 기업으로 존재감을 높였다.

에필로그

20대에게

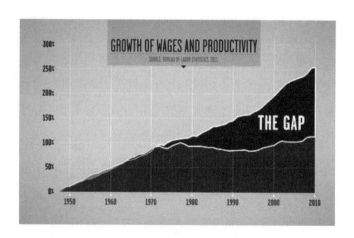

위 그래프는 세상이 어떻게 돌아가는지 한방에 이해되는 노동자들의 급여 상승률과 전체 GDP 상승률을 비교한 것이며 간단하게 말하면 양극화 그래프이다. 자산은 오르는데 월급은 어느 시점부터 동결됨을 볼 수 있다.

이 그래프를 보면 1970년대부터 양극화가 급격하게 벌어지기 시작하는데 그 이유는 바로 닉슨 대통령이 금본위제도를 폐지했기 때문이다. 금본위제도를 쉽게 말하면 금이 있는 만큼만 달러를 찍을 수 있는 것이었고 이는 화폐 발행을 제한하는 역할을 했다. 하지만 금본위제도를 폐지하면서 화폐를 마음대로 찍어낼 수 있게 된다.

정치인에게 화폐를 마음대로 찍어낼 수 있는 권한을 주면 무슨 일이 생길까. 고양이한테 생선을 맡기면 무슨 일이 생길까.

1970년부터 달러를 미친 듯이 찍어냈는데 명분은 다양했다. 복지라는 좋은 이름 아래 노동자를 위한, 여성을 위한, 청년을 위한, 환경을 위한 그리고 가장 중요한 나를 위해 달러를 찍어냈다.

시장에 돈이 계속해서 늘어나면 어떤 일이 벌어질까? 급여는 정체되는 반면 자산 가격은 지속적으로 상승하게 된다. 이로 인해 돈 가치는 하락하게 되며, 이를 빠르게 인지한 사람들은 자산 시장에 뛰어들게 된다. 이를 통해 미국 사람들은 대부분 주식 시장에 투자하고 우리나라 사람들은 대부분 부동산에 투자하게 된 것이다. 딴 건 필요 없고 그게 오르니까. 그래서 아이러니하게도 세상은 풍요로워졌지만 양극화는 말도 못하게 심해졌다. 예전에는 열심히 노력한다면 부를 얻을 수 있는 기회가 보였지만, 현재의 세대들은 코인과 같은 옵션을 제외하고는 다른 선택지를 찾기 어렵게 되었다. 이러한 상황에서 현재 어떻게 가난해지는지를 살펴보면, 우리나라의 경우 주로 부동산 문제가 제기되고 있다. 집값이 1년에 1억씩 올라가는 것은 결국 우리가 가난해지는 것을 의미한다.

본질적 가치는 변한 게 없는데도 불구하고 같은 위치에 있는 같은 집을 구매하기 위해 우리는 10년 이상을 더 일해야 한다. 이로 인해 부동산이나 자산에 대한 관심이 사라지게 되었다. 현재의 우리는 당장 필요한 실업급여 수당이나 청년도약계좌와 같은 눈에 보이는 복지에 더 집중하게 된다. 하지만 서른 살이 넘어가면서 많은 사람들이 현실을 실감하게 된다. 필요해지기 때문이다. 가격이 많이 오른 집을 사기 위해선 은퇴가 10년은 더 늦어지며, 여차하면 집을 못 살 수도 있게 된다는 것을 체감하게 된다.

양극화는 통화량이 늘어날 때 자연스럽게 발생하는 부작용과 같은 것이며, 이를 해결하려는 사람들은 다시 돈을 풀어서 양극화를 더 만들어내기도 한다. 이는 주로 복지라는 이름으로 이루어지는 것이다.

주식에 접근하기 전에

———

　재테크와 투자를 쉽게 하는 방법은 존재하지 않는다. 성공적인 투자를 위해서는 꾸준한 학습과 경험이 필요하며 자신의 본질과 투자 성향을 잘 이해하는 것이 중요하다. 각 개인의 금융 목표, 투자 성향, 위험 감수 능력 등이 모두 다르기 때문에 타인의 투자 방법이나 성공 사례를 파악하여 자신에게 맞게 학습하고 경험하면서 자신의 투자 방법을 정립할 필요가 있다.

　재테크와 투자는 노력과 시간이 많이 필요한 분야이기에 결코 쉽지 않다. 꾸준한 노력과 본질을 익히는 노력을 통해 성장하고 발전하는 과정을 거친다면 자신에게 맞는 투자 방법을 찾을 수 있을 것이다.

** 탑다운(top down)과 바텀업(bottom up) **

탑다운(top down) 방식은 투자 및 경영에서 중요한 접근 방식 중 하나이다. 이는 전반적인 흐름과 전력을 먼저 파악한 후 그에 따라 세부적인 부분을 분석하고 결정하는 방식을 말한다.

먼저, 탑다운 방식은 전 세계의 경제 상황과 금융 시장의 흐름을 파악하는 것에서부터 시작된다. 금리, 양적완화, 환율 등의 경제 요인들이 주식과 부동산 등에 미치는 영향을 이해하고 이를 기반으로 투자 전략을 세우는 것이다.

↓↓↓

두 번째로, 현재 일어나고 있는 산업혁명과 트렌드를 분석하여 미래를 예측하는 것이 중요하다. 기술의 발전이나 사회적 변화 등을 파악하여 성장 가능성이 높은 산업과 섹터를 찾아내는 것이다.

↓↓↓

세 번째로, 특정 섹터 내에서 성장 가능성이 높은 기업을 찾아내는 것이다. 산업의 큰 틀에서만 머물지 않고 어떤 기업이 해당 섹터의 성장을 주도할 수 있는지를 판단하고 선택해야 한다.

이렇게 탑다운 방식은 보다 전체적이고 전략적인 시각에서 투자를 진행하며 상위 개념에서 하위 개념으로 세부적인 분석을 진행하는 것이다. 탑다운 방법을 통해 투자의 목표와 방향성을 정하고 그에 따라 적절한 포트폴리오를 구성한다면 재테크나 투자를 더욱 효과적으로 실행할 수 있을 것이다.

바텀업(bottom up) 방식은 기업 분석을 중심으로 투자에 접근하는 방법으로 주로 저평가된 기업을 찾아내고 그 기업의 잠재 성장 가능성을 확인하여 투자를 결정하는 방식이다.

먼저는 기업 분석을 통하여 투자자가 특정 기업의 재무 상태, 경영 전략, 비즈니스 모델 등을 꼼꼼하게 분석해야 한다. 재무제표를 통해 기업의 수익성, 안정성, 부채 상태 등을 파악하고 경영진의 역량과 기업의 성장 잠재력을 평가한다.

↓↓↓

두 번째로, 선택한 기업이 속한 섹터와 산업을 분석하여 경쟁사들과의 비교를 통해 해당 기업이 시장에서 어떤 위치에 있는지, 어떤 경쟁 우위를 가지고 있는지를 확인하고 그 기업의 경쟁력을 평가한다.

↓↓↓

세 번째로, 전 세계의 흐름을 파악해야 한다. 투자할 종목을 선택했다면 적절한 시점에 매수해야 하기 때문에 경제 상황, 금리 변동, 산업 트렌드 등을 파악하여 언제 매수해야 하는지를 결정해야 한다.

이렇듯 바텀업 방식은 기업의 품질과 가치를 중심으로 투자를 진행하여 기업이 성장하고 발전함에 따라 투자 수익을 기대하는 방법이다. 바텀업 방식은 투자자의 능력과 노력이 중요한 역할을 하기도 한다.

부동산에 접근하기 전에

———

그렇다면 부동산은? 부동산도 마찬가지다. 하지만 부동산의 경우 인간 생활의 세 가지 기본요소인 의(옷), 식(음식), 주(집)에 속하기 때문에 주식에 비해 인문학적인 접근이 요구된다.

우리나라의 경우 1970년대부터 시골에서 도시로 이동하였고 그때는 둘만 낳아 잘 기르자는 정책이 지배적이었다. 이에 4인 가족이 표본이 되었는데 이것은 방 세 개의 아파트가 표본이 된 결정적인 이유이다. 두 자녀 각각 한 개씩, 그리고 부부 한 개. 이렇게 방 세 개 있는 85m2 아파트가 표본이 된 것이다.

또한 경제개발계획으로 경제성장 속도가 빠르다 보니 시중에 돈이 많이 유통되었고 사람들은 서울로 모이게 된다. 이로 인해 아파트에 대한 수요가 증가하고 공급은 부족하게 된다. 이에 따라 정부는 서울 주택 수요를 분산시키기 위해 제 1기 신도시를 계획하게 된다. 그러나 1기 신도시를 한꺼번에 짓게 되자 콘크리트 재료인 모래가 부족해졌고 바닷모래까지 사용하여 콘크리트를 만들어야 했다. 하지만 바닷모래로 만들어진 콘크리트에는 소금이 섞여있어 철근을 녹슬게 하였고 바다와 먼 일산 지역을 제외한 제 1기 신도시의 아파트는 다른 아파트보다 녹슨 철근 콘크리트 비중이 높다.

또한 아파트는 일반적으로 벽식 구조와 기둥식 구조로 나누어지는데 아파트를 지을 때에는 층고가 높을수록 건축비가 많이 들고 층별 높이가 높은 기둥식으로 짓는다고 알아주지도 않기에 우리나라는 가격 대비 최대한 높게 지을 수 있는 벽식 구조의 아파트를 짓게 된다. 이런 벽식구조는 배관을 교체하거나 리모델링하기가 어렵다는 단점이 있다. 이러한 이유로 인해 우리나라의 아파트의 수명은 약 27년으로, 일본 약 55년, 미국 약 72년, 프랑스 약 80년, 독일과 영국 약 120년에 비하여 훨씬 짧은 편에 속한다.

또한 강남이 왜 비싼지를 알아야 한다. 강남은 왜 비쌀까? 강남이 비싼 이유는 부동산 임장의 본질을 알려주고 있다. 과거부터 한반도의 수도는 서울이었다. 그러나 과거에는 왕이 살고 있는 경복궁 중심으로 상권이 발달하였다. 왜? 직급이 높은 사람들이 왕 근처에 살았어야 했고 과거시험을 볼 수 있는 돈 있는 사람들이 모두 서울로 왔기 때문이다. 그렇다면 경복궁은 왜 강북에 있었을까? 경복궁이 강북에 위치한 이유는 북한산과 많은 산들이 방어를 해주며 아래에는 한강이 방어를 해주고 있어 방어적 요충지로 적합했기 때문이다.

그렇게 과거에는 강북에 상권이 형성되면서 발전하였지만 일제강점기와 광복 이후 경제개발계획으로 경제는 고도성장하게 되었고 사람들은 돈을 벌기 위해 서울로 몰리게 된다. 하지만 강북과 강남이라는 단어에서도 알 수 있듯 한강의 북쪽은 강북, 한강의 남쪽은 강북으로 한강이 강북과 강남을 분리하는 역할을 하고 있다. 즉 한강은 공간과 공간을 단절시킨다. 강북에는 예전부터 상권이 형성되어 비싼 땅값을 가지고 있었기 때문에 사람들은 강남으로 밀려나게 되었고 이러한 지리적 요인과 서울이 한반도 중앙에 있지 않은 점으로 인해 많은 사람들이 강남으로 몰리게 되었다.

한반도를 한강이라는 지리적 요인으로 나누어 보면 사람들이 왜 강남에 모였는지 알 수 있을 것이다. 이는 많은 사람들이 강북보다 강남으로 모이게 된 이유이기도 한데, 수도가 한반도의 중앙에 위치하고 있지 않기 때문이다. 이렇다 보니 강남에 상권이 형성되고 거주가 시작되며 자연스럽게 학군이 형성되기 시작되었다.

이런 지리적 요인은 부동산을 결정하는 데 중요한 역할을 한다. 한강이 공간을 단절시켰듯이 현대사회에는 차선이 공간을 단절시키고 있으며 4차선만 되더라도 4차선 반대편끼리는 다른 공간이 되어버린다. 차선 하나가 지역을 바꾸거나 분위기를 바꾸기도 한다. 따라서 공간과 공간을 이어주는지 단절시키는지를 고려해야 한다. 4차선이라도 어린이보호구역이 많거나 무단횡단이 가능한 곳은 공간을 이어주기도 하며 코로나 이후 공원과 벤치의 역할은 더욱 중요해졌기 때문에 걷기 편한 도시가 각광받고 있다.

부모들이 아이를 학대하는 방법

———

우리가 살아가면서 행복을 관장하는 호르몬을 도파민이라고 하는데 이 도파민은 보통 계획을 세울 때, 그 계획을 달성할 때 분비되곤 한다. 따라서 계획을 세우고 그 계획을 이루면 당장은 도파민이 분비되어 행복감을 느끼지만 어느 순간 다시 평상시의 상태로 돌아오곤 한다.

왜 연예인이나 재벌들은 쾌락을 탐닉하는 사람이 많을까? 쉽게 말하면 도파민이 더 이상 분비가 되지 않아서 그렇다. 정상에 있는 사람만큼 불행한 사람도 없다는 것이 이러한 경우다.

우리가 이상형이라고 생각하는 이성을 만났을 때 우리는 단지 이상형의 얼굴과 목소리만 가지고 앞으로의 희망찬 미래를 상상하곤 한다. 이런 상황에선 도파민이 분비된다. 하지만 막상 이상형과 교제를 하면서 사이가 깊어질수록 우리가 상상하던 미래가 현실로 채워지면 어느새 도파민은 점점 줄어들게 된다.

사람들이 도박에 쉽게 빠지는 이유도 도박은 돈을 벌수도 있고 잃을 수도 있지만 큰돈을 벌 수 있다는 희망이 사람들에게 큰 행복감을 안겨주게 된다. 그렇게 막상 운 좋게 돈을 따고 나면 오히려 도파민은 감소하기 때문에 다시 도파민을 얻기 위해 한번 더 도박을 하게 된다. 주식이나 부동산도 마찬가지의 원리다. 자산을 보유하고 자산이 오르고 있을 때는 도파민이 분비되지만 막상 자산을 팔려고 하면 더 오를 수도 있는 가능성이 있기에 뇌를 불행하게 만들어버린다. 오를 때는 행복하지만 막상 팔아서 수익을 얻으려고 하면 오히려 불안하기도 하다는 것이다.

도파민의 분비, 즉 행복의 가장 큰 요소는 잘 될 것이라는 불확실한 희망과 그 희망을 향해 나아가는 과정 자체가 행복이라고 할 수 있는 것이며 희망이 없다면 행복도 없다는 것과 같은 말이기도 하다.

우리의 뇌는 처음의 기대감과 다르게 막상 돈을 벌고, 멋진 이성을 만나고, 원하는 것을 이루면 오히려 달성하기 전보다 더 불행한 상태로 리셋 되기 때문에 우리가 행복한 상태를 유지하기 위해서는 안타깝게도 평생을 열심히 살 수 밖에 없는 것이다.

요즘 아이들이 왜 불행한지 어느 정도 감이 올 것이다. 우리가 더 이상 오를 것이 없고 가지고 싶은 것이 없어지면 인생은 더 이상 우리에게 어떠한 선물도 주지 않는다.

부모는 아이에게 대책 없는 사랑을 주기보다는 노력하고 성취하는 즐거움을 주어야 한다. 사랑이란 명분으로 도파민 수용체가 제대로 발달되지 않은 어린아이에게 어떠한 노력도 없이 도파민을 얻는데 익숙해지면 사회에 나오자마자 커다란 충격을 받게 된다.

세상은 원래 내가 울고, 웃고, 애교를 부리면 뭐든 마음대로 되는 거였지만 사회에는 그 누구도 나에게 신경을 쓰지 않는다. 사회의 차가움에 면역력을 키울 기회를 놓친 아이들은 사소한 것들에도 좌절하며 우울감에 빠지고 무너지게 된다. 따라서 요즘의 아이들의 비정상적인 우울감과 불행은 좌절할 기회를 빼어가고, 욕심을 위해 아이를 인형처럼 키우는 부모들의 가짜 사랑에서 비롯된 것이 아닐까?

부모는 아이들을 위해 끊임없이 노력하고 적절한 좌절과 시련을 주되 무너질 것 같으면 뒤에서 지탱해줘야 한다. 무책임하게 사랑만 주는 걸 헌신이라고 생각한다면 세상을 어쩌면 만만하게, 편협하게 보는 것이 아닐까? 시련은 행복으로 가는 문이기 때문에 시련 없는 삶은 행복도 없는 것이다.

참고문헌 및 자료

제1장 | 책을 읽어야 하는 이유

책을 읽어야 하는 이유
부동산스터디 카페 버들치님 '50대와 독서'
https://cafe.naver.com/jaegebal/4496454

제3장 | 필연적 편협

우리가 당연시 여겼던 것들
한스 로슬링, 팩트풀니스, 김영사, 2019

소수가 바라보는 세상
지식해적단 유튜브 '왼손은 거들 뿐...? 왼손잡이는 왜 존재하는가?/ 왼손잡이의 역사'
https://www.youtube.com/watch?v=WyLGuaunujk

살면서 가장 중요한 투자는 무엇인가
부동산스터디 카페 commonD님 '인생의 가장 중요한 성공 투자법'
https://cafe.naver. com/jaegebal/4462239

가난이 일상이 되고 대물림이 되는 이유
재래드 다이아몬드, 총, 균, 쇠, 문학사상, 2013
애쓰모글루, 국가는 왜 실패하는가, 시공사, 2012
에리히 프롬, 소유냐 존재냐, 까치, 2020

제4장 | 우리가 사는 세상

우리는 어떤 세상에 살고 있는가

부동산스터디 카페 commonD님 '정치 경제 사회 한방에 이해하기'

https://cafe. com/jaegebal/4516456

제5장 | 시대적 배경 - 피, 땀, 눈물

코로나 이후의 시대

네이버 블로그 꾸기 '코로나 이후 세계 트렌드, 앞으로 무조건 중요해질 것들 정리'

https://blog.naver.com/dhkdroal4756/222892118619

산업혁명 이후의 시대

네이버 블로그 꾸기 '4차 산업혁명에서 무조건 중요해질 것 정리'

https://blog.naver.com/dhkdroal4756/222979809013

제7장 | 필연적 편협 - 3가지의 행운

미국인 이야기(본질)

지식해적단 유튜브 '미국은 무조건 세계 최강일 수밖에 없음/ 미국은 왜 이렇게 강력할까?'

https://youtu.be/fawYRXDy1_Q

중국인 이야기(인맥, 그리고 망설이지 않음)

중국 부자 순위, 머니투데이 '최근 5년 中 부호순위 보니…○○○ 지고, ○○○ 떴다'

https://news.mt.co.kr/mtview.php?no=2022111619383653494

중국 화교 인구와 특성, 나무위키

한국인 이야기(득과 실)

네이버 블로그 메르의 홈 '한국 성장의 비밀(fcat 교육, 농지개혁)'

https://blog.naver.com/ranto28/223023369218

에필로그

20대에게

부동산스터디 카페 commonD님 '자산열차가 오고 있네' 내용 인용

https://cafe.naver.com/jaegebal/4433788, growth of wages and productivity GDP 상승률 그래프 참조

부모들이 아이를 학대하는 방법

부동산스터디 카페 commonD님 '부모들이 아이를 학대하는 방법' 내용 인용

https://cafe.naver.com/jaegebal/4714130